coleção primeiros passos

Carlos Rodrigues Brandão

O QUE É
EDUCAÇÃO POPULAR

editora brasiliense

Copyright © by Carlos Rodrigues Brandão, 1940
Nenhuma parte desta publicação pode ser gravada,
armazenada em sistemas eletrônicos, fotocopiada,
reproduzida por meios mecânicos ou outros quaisquer
sem autorização prévia da editora.

Primeira edição, 2006
4ª reimpressão, 2016

Diretoria Editorial: *Maria Teresa B. de Lima*
Editor: *Max Welcman*
Produção Gráfica: *Laidi Alberti*
Diagramação: *Adriana F. B. Zerbinati*
Revisão: *Beatriz de Cássia Mendes*
Capa: *Ana Lima*

**Dados Internacionais de catalogação na Publicação(CIP)
(Câmara Brasileira do Livro, SP, Brasil)**

Brandão, Carlos Rodrigues, 1940
O que é educação popular / Carlos Rodrigues Brandão.
-- São Paulo : Brasiliense, 2012. --
(Coleção Primeiros Passos; 318)

3ª reimpr. da 1ª. ed. de 2006.
ISBN 85-11-00094-1

1. Educação Popular I. Título. II. Série

| 06-3495 | CDD - 370.115 |

Índices para catálogo sistemático :
1. Educação Popular 370.115

Editora Brasiliense Ltda
Rua Antonio de Barros, 1720 – Bairro Tatuapé
CEP 03401-001 – São Paulo – SP – Fone 3062-2700
www.editorabrasiliense.com.br

SUMÁRIO

I. Dizer a palavra..07
II. O processo geral do saber (A educação popular como saber da comunidade) 17
III. O trabalho de democratização do saber escolar (A educação popular como ensino público).........................35
IV. O trabalho de libertação através da educação popular (A educação popular como educação das classes populares)....59
V. O campo pedagógico do trabalho político do educador com as classes populares...............................103
VI. Redizer a palavra: epílogo.............................113
Indicações para leitura......................................115
Sobre o autor..121

"Na verdade se dizer a palavra é transformar o mundo..."

Paulo Freire

Amadurecido ao longo de muitos meses, este livro foi afinal escrito à mão durante os dias de uma viagem em agosto/setembro de 1983, para dois encontros sobre educação popular, um em Cuba e outro na Nicarágua. Algumas anotações foram revistas depois do que vivi, principalmente nos dias da Nicarágua. Quero dedicá-lo aos educadores de lá e espero que isto seja um modo de estar presente.

DIZER A PALAVRA

A palavra

Que a ninguém espante um pequeno livro sobre educação popular introduzir na epígrafe e nas folhas de apresentação a questão da palavra. Afinal, que outra é a matéria do educador senão a palavra? Afinal, que outro é o desafio da educação popular senão o de reverter, no mistério do saber coletivo, o sentido da palavra e o seu poder? Deixemo-la ser aqui, portanto, o começo e o fim do pensar.

Falando sobre o lugar do chefe na sociedade tribal, Pierre Clastres, um antropólogo francês, discute a relação entre a palavra e o poder. Porque a palavra é um ato de poder, o que equivale afirmar que ela não é apenas um entre os seus outros símbolos, mas o seu exercício. O direito de falar e ser ouvido é o ofício do senhor. Os súditos calam ou repetem a palavra que ouvem, fazendo seu o mundo do outro. Porque a diferença entre um e outros está em que o primeiro detém a posse do direito de pronunciar o sentido do mundo e, por isso, o direito de ditar a ordem do mundo social. Ele é quem transformou um dever coletivo e anterior de dizer, no poder de ditar e ser, assim, obedecido; enquanto os outros não tendo sido expulsos do ato de falar – todos falam, em toda parte – existem à margem do lugar onde se fala aquilo que transforma o mundo. Quem disse que sempre a fala do justo é justamente a palavra necessária? Verdadeira, quem garante que por isso mesmo ela seja legítima? Perguntas que nos devem acompanhar, leitor, durante todo o livro, porque o ofício do educador não é outro senão o de fazer com que as palavras legítimas (as que são pronunciadas como sendo a verdade) sejam de fato verdadeiras.

Uma divisão social do poder realiza-se entre os homens como oposições simbólicas – e nem por isso menos reais – de diferenças do poder de falar. Palavras que ordenam a vontade de poucos sobre o trabalho de muitos, são as que criam os nomes de todas as coisas na sociedade onde o poder existe separado do trabalho produtivo, tanto quanto da vida simbólica coletiva. Mundos sociais onde o ofício de pronunciar a palavra necessária distancia-se do consenso; do pensá-la em comum como poesia e pensamento da vida coletiva sem a desigualdade, e da experiência da solidariedade através das diferenças. Aprisionada por um poder separado da vida, a palavra sem o consenso torna-se a fala necessária para a sociedade e, por isso, é imposta e dada como legítima para realizar os atos do controle da vida social dominada pela desigualdade. Torna-se aquela que sendo, ao mesmo tempo, a norma da ordem, é também a verdade da norma. Dita e principalmente escrita é como o selo, mais do que o sinal, de um poder desde onde a posse não contestada do direito de dizer o sentido de tudo, de torná-lo legítimo e fazê-lo circular como saber crença, ideia, valor e código, estabelecem a necessidade social de sua xistência como poder e funda a necessidade do seu exercício sobre o silêncio do outro. O poder torna legítimo porque é pronunciado como tal e, como tal, pronuncia palavras que ordenam a vida. A primeira escrita existiu para contabilizar os bens dos senhores e tornar possível a extensão do poder.

Se quisermos pôr em correlação o aparecimento da escrita com certos traços característicos da civilização, é necessário procurar em outra direção. O único fenômeno que a tem fielmente acompanhado é a formação das cidades e dos impérios, isto é, a integração num sistema político de um número considerável de indivíduos e a sua hierarquização em castas e em classes. Essa é em todo o caso a evolução típica à qual se assiste desde o Egito até a China, quando a escrita surge: ela parece favorecer a exploração dos homens, antes da sua iluminação. Essa exploração, que permitia reunir milhares de trabalhadores para os obrigar as tarefas extenuantes, reflete melhor o nascimento da arquitetura do que a relação direta encarada há pouco. Se a minha hipótese for exata, é necessário admitir que a função primária da publicação escrita foi a de facilitar a servidão. O emprego da escrita para fins desinteressados com vista a extrair dela satisfações intelectuais estéticas é um resultado secundário, se é que não se reduz, na maior parte das vezes, a um meio para reforçar, justificar ou dissimular a outra. (Claude Lévi-Strauss, *Tristes Trópicos*, p. 296).

Apenas a palavra oral primitiva, a palavra em estado de ser popular, possui em si mesma a sua densidade plena e, portanto, diz em si mesma e, não, para alguma coisa. Ao falar do sentido do "dizer a palavra" entre os índios Guaiquí, do Paraguai – até hoje pequenos bandos errantes de caçadores – Pierre Clastres recorda que "entre grupos sociais sem poder de Estado e sem a sua consequente palavra escrita, o que se fala possui a densidade do poema, porque a palavra oral é mais celebrada como um rito que conduz a possibilidade da comunicação, do que usada como o dito (a ordem, o édito, o edital) que constitui a imposição (Pierre Clastres, *A sociedade contra o Estado*, p. 88).

O homem que comanda uma pequena tribo primitiva reina sobre e através do universo de suas próprias palavras. Ele não detém apenas o poder, mas a sua realização através da palavra. "Senhor da Palavra" é o nome que, em algumas delas, dão os outros àquele a quem consideram como o chefe. Mas o que são, ali, o poder e a palavra?

Na sociedade tribal o poder reina sobre o consenso solidário – o que não significa que ali não haja conflitos. Melhor seria dizer: o poder é reinado pelo consenso. Nela, sociedade sem o Estado, o exercício da palavra é um dever do poder, enquanto na nossa ele se transformou no direito do poder. Assim, em várias pequenas aldeias dos índios brasileiros, a pessoas a quem é atribuído o poder de falar para todos não possui, por esta mesma razão, o direito de pronunciar, quanto mais o de impor, a sua palavra, isto é, a fala de sua vontade. Ao contrário, aquele a quem a tribo designa ser o chefe tem a obrigação de ser digno de pronunciar palavras através das quais todos pensam; através das quais todos compreendem a verdade do mundo – e isto são mitos, crenças e cantos – e a norma da vida – e isto são valores, regras e códigos. Portanto o que o chefe fala só é a sua vontade porque é, antes e também, a vontade de todos, na verdade de um de nós de que o chefe é parte e símbolo, para ser justamente, o chefe. Enunciador do conhecido e do consagrado, a missão daquele que comanda é ser a fala do saber que todos sabem e da norma que todos devem cumprir e a quem compete ao chefe apenas lembrar. Isto porque a sociedade tribal é o lugar social da recusa de um poder separado, pelo fato de que ela é, no seu todo, o lugar do poder.

Ali o chefe deve falar, porque ele deve à tribo a sua palavra. Não tendo súditos, mas seguidores, ele fala a sujeitos que o constituíram para o obedecerem enquanto ele próprio obedecer e seguir o saber de todos. E as palavras que, como ritos, de sua rede aos gritos, ou na volta das fogueiras o chefe é obrigado a proferir, são conhecidas de todos e são o sinal de que o poder que expressam não existe acima da vida da tribo, de que o chefe – o homem que fala – não é o senhor, mas o sinal (Pierre Clastres, "O dever da palavra", in *Sociedade contra o Estado*, p. 107).

Diferente é a condição de sociedades regidas pela desigualdade, mundo que obriga a pensar, na educação, a necessidade de uma estranha educação popular. Existimos dentro de um mundo social onde senhores do poder, através do Estado, decidem e definem para os "outros" (para nós) o que querem que seja a relação entre eles e os "outros" (nós). Vivemos em uma sociedade onde um Estado de democracia restrita não é o lugar coletivo do poder consensual de criar direitos, de criar por consenso as normas da vida coletiva, mas apenas é o lugar de obedecê-las.

A divisão social do trabalho faz, de quase todos os mundos sociais da América Latina, lugares onde o saber e a palavra que o conduz não estão igualitariamente distribuídos de modos diferentes, mas são desigualmente repartidos de modo hierárquico. São repartidos de tal forma que, sob a aparência de que todas as pessoas possam saber, em princípio, a respeito de tudo e, livres, dizerem todas as coisas, apenas poucas pessoas de fato alcançam e possuem níveis de saber de que equivalem ao poder do controle dos direitos de falar e saber de todos os outros. Aqueles que possuem, como direito próprio ou delegado, o poder de dizer a palavra que se apresenta como conhecimento legítimo e necessário e que, portanto, consagra uma ordem social que, por sua vez, garante a "verdade" e o poder da palavra legítima.

Não falei de mundos tribais, igualitários, para sugerir que seja possível e desejável voltar a eles. Daí emergimos e deles nos afastamos irremediavelmente. Estabeleci diferenças para dizer que a tarefa do homem a quem a conquista dos sinais humanos da vida – a liberdade, a solidariedade e a felicidade – é o apelo que dirige o trabalho e o saber, deveria ser o de insistentemente descobrir os meios para que a direção da história seja transformada. Para que um dia emerja um mundo diferente, tanto da tribo perdida quanto deste, onde nos perdemos, outra vez solidário. Um pequeno mundo humano onde, em meio a outros símbolos de uma nova ordem, a palavra, o saber e a educação existam entre ofícios e trocas que tornem livres todos os homens. "Redizer o mundo", "reescrever a palavra", setas do caminho que podemos pensar juntos, aqui, leitor.

A educação

Complica um pouco pensar a educação como apenas educação. A necessidade profissional de compreender e explicar sistemas e estabelecer regras e metodologias de seu funcionamento obriga o educador a pouco a pouco pensar a sua própria prática dentro de domínios restritos: "o sistema de ensino de 1º grau", "a 5692", "a universidade brasileira", "a educação de adultos", "a supervisão escolar", "a alfabetização".

Separando-a por vezes do mundo e de domínios sociais e culturais onde ela concretamente existe, ou, ao contrário, associando-a diretamente a amplas e longínquas "determinações sociais", o pensamento do educador não raro se esquece de ver a educação no seu contexto cotidiano, no interior de sua morada: a cultura – o lugar social das ideias, códigos e práticas de produção e reinvenção dos vários nomes, níveis e faces que o saber possui.

Ora, pensar sobre a educação popular obriga a uma revisão do sentido da própria educação. Veremos adiante por quê. Adiantemos, no entanto, uma razão. Pelo menos entre aqueles que a pensam de modo mais motivado, a educação popular parece não só existir fora da escola e à margem, portanto de uma "educação escolar", de um "sistema de educação", ou mesmo "da educação", como também parece resistir a tudo isso. Por que não aproveitarmos, leitor, o fato de que a educação popular não parece ser um modelo único e paralelo de prática pedagógica, mas um domínio de ideias e práticas regido pela diferença, para explorar o próprio sentido da educação, através de percorrer os diferentes modos de seu ser como educação popular?

Esta é a proposta deste pequeno estudo. Deixemos para as últimas páginas a análise daquilo que eu defendo como um modo de ser da educação popular, e usemos a maior parte das páginas que temos para caminhar juntos e para pensar na sucessão de momentos em que "uma educação" tem a ver com a educação popular, a diversidade de situações e formas que ela tomou e possui hoje em dia. Assim, procuro explorar pelo menos quatro diferentes sentidos da educação popular: 1) como a educação da comunidade primitiva anterior à divisão social do saber; 2) como a educação do ensino público; 3) como educação das classes populares; 4) como a educação da sociedade igualitária.

Este livro completa uma pequena trilogia iniciada com *O que é educação* e continuada em *O que é o Método Paulo Freire*. Algumas ideias escritas nestes outros livros são deixadas de lado aqui, outras são retomadas e reescritas para pensar, no domínio da educação, a especificidade desta forma rebelde: a educação popular. Em momento algum faço uma história dela e também, em momento algum discuto, como em *O que é Método Paulo Freire*, maneiras de colocá-la em prática. Primeiro porque isto tem de ser a descoberta de cada pessoa, ou cada grupo de educadores populares. Segundo porque, para um caso e o outro, há livros, bastantes e bons, que menciono nas indicações para leitura.

A epígrafe que deixei de propósito incompleta e com reticências no começo destas páginas completa-se no epílogo do livro. Com a pessoa que a escreveu um dia, aprendemos quase todos a pronunciar a expressão: educação popular. Aprendemos a experimentar o ofício da forma de compromisso com o homem – com o povo – a que ela conduz. Aprendemos, finalmente, a crer que, se é com palavras que são escritas as regras que oprimem e consagram a opressão, com elas também os homens entre si podem falar e escrever frases e modos de saber que, pronunciados e exercidos, poderão um dia libertar o homem e os seus mundos.

Republicado agora, em 2006 e incorporado a coleção primeiros passos, o livro trás apenas algumas pequenas alterações. Que ele preserve o olhar, o saber e o sabor dos tempos em que foi escrito. A bibliografia ao final foi atualizada.

O PROCESSO GERAL DO SABER
(A educação popular como saber da comunidade)

É preciso recuar longe, memórias de um passado remoto, para conhecermos como o saber terá emergido à vida e, circulando entre tipos de pessoas, terá diferenciado uma re-gião de si mesmo como educação. Como isto terá se passado muito antes de seres, pouco a pouco, haverem dominado a escrita, é evidente que não ficaram marcas e tudo o que os investigadores do assunto encontram são sinais efêmeros, de que constroem suposições. Exploremos aqui algumas delas.

O saber surge e circula

Quando um remoto antropoide, um ascendente muito

próximo do primeiro homem, emergiu a vida, ele já possuía alguns traços corporais que o tornariam diferente de todos os outros seres vivos, mesmo os mais evoluídos até então. Tinha sinais no corpo que transformariam o ato de saber, que diferencialmente se distribui por tudo o que é vivo, no ato do saber simbólico. Que tornariam o conhecimento que qualquer ser vivo tem para viver, na consciência do saber, que é o começo da possibilidade de os seres vivos aprenderem não ape nas diretamente do e com o seu meio natural, naturalmente, mas uns com os outros e uns entre os outros, culturalmente.

Quando os nossos ascendentes peludos, ainda desprovidos de símbolos, palavras e, portanto, de cultura, desceram das árvores onde por milênios sobreviveram a salvo de répteis e grande mamíferos predadores, eles já então eram seres: 1) aptos a se colocarem de pé sobre as patas traseiras e assim ficarem por longo tempo, deixando livres as mãos para trabalharem as coisas à sua volta; 2) com mãos que, em vez de se desenvolverem como patas, garras ou nadadeiras, tornaram-se sensíveis, capazes de lidar com grandes e pequenos objetos e, o que é mais importante, mãos com o dedo polegar que, ao longo da evolução da espécie, aproximou-se dos outros dedos até quando, já nos hominídeos, tornou-se rotativo e oposto a todos os outros (experimente usar as mãos sem os polegares); 3) com os dois olhos colocados não dos lados do rosto, mas juntos, no espelho da face, capazes de verem tridimensionalmente uma só imagem ao mesmo tempo, o que gerou a possibilidade da atenção concentrada, dirigida por um olhar em foco desde muito perto até muito longe e, o que é mais, um olhar que via "em cores"; 4) com um cérebro proporcionalmente maior do que o de todos os outros mamíferos, capaz de crescer em volume e complexificar-se em circunvoluções entre as gerações, em direção às áreas do pensamento e da integração da identidade (da consciência de um eu), domínios internos ao mistério da vida, desde onde viria a desabrochar a alvorada do homem.

Assim, em apenas um ramo de toda a vida, a própria vida começou a fazer com que aos poucos a evolução corporal cessasse de se modificar significativamente, menos no cérebro. Tal como outros seres vivos, estes antropoides que nos antecederam de alguns milhões de anos terão sobrevivido porque aprenderam a viver em bandos errantes onde, com uma flexibilidade muito maior do que em outras espécies de animais, havia uma progressiva diferenciação de tarefas. Onde o interesse coletivo deixava margens maiores para a inovação, e onde não apenas uma ordem biológica do corpo, mas uma ordem cultural do grupo a cada "dia" mais (leia-se "milênios"), regia a conduta individual.

Alguns acontecimentos da relação entre o corpo e a vida social, aparentemente sem importância, são importantes. Mais do que isso são fundamentais. A evolução da vida limitou entre nossos ancestrais a descendência a um filho de cada vez (gêmeos são exceções). A fêmea da espécie tem apenas duas mamas na frente do corpo. Mesmo entre os macacos superiores (nossos primos-irmãos, mais do que nossos ancestrais) a mãe carrega o filho aconchegado à frente, no peito e não nas costas, como entre os macacos inferiores e os outros mamíferos. Amamenta os filhos face a face e os olhos se encontram enquanto o leite transfere a vida de uma ao outro. Crias de antropoides e humanídeos demoram muito tempo a "crescer" e, assim, dependem de relações afetivas estreitas com os pais durante uma longa e importante parte de suas vidas.

Ora, essas trocas de olhares e gestos de afeição não estão longe de ser o repertório dos momentos que garantem o surgimento de sentimentos de "eu" e de "nós", o que possibilita um relacionamento entre iguais tão estável e profundo que possa ser, por isso mesmo, a condição de um modo diferente de ensinar-e-aprender. O ensino, que entre os homens é um bailado de gestos de corpos dóceis, mãos hábeis, olhos acurados que se encontram face a face e, juntos olham em uma mesma direção, de inteligências conscientes e identidades capazes de sentimentos até então inexistentes, precisou esperar que o corpo da vida tomasse tais formas e fosse capaz de estabelecer tais relações com o outro, no mundo, para então aparecer plenamente.

Muito mais do que entre os macacos superiores e mais

ainda do que entre os seres que já então existem entre o animal e o humano, a vida coletiva se impõe e a pequena determinação biológica de suas relações entre sujeitos pensantes gera uma lenta passagem do conhecimento, para o conhecimento simbólico. Se durante muitos milênios para sugerir ao filho uma estrela o pai tinha de esperar a noite e apontar para uma delas, veio o tempo em que ao meio-dia ele podia pronunciar algo como "taug", e os dois estariam pensando em "estrela". Primeiro não há símbolos e é difícil saber e transferir o saber; depois eles dizem, são sinais; finalmente representam, são símbolos, a morada do saber humano.

Desprotegidos de força e armas do corpo para matar ou fugir e, inicialmente, desprovidos de um saber necessário que pudesse passar de um corpo a outros, os pequenos seres humanos atravessaram longos períodos da vida convivendo em companhia de iguais no interior de grupos cada vez mais estáveis e, ao longo do tempo, cada vez mais complexos: bandos errantes, hordas, famílias, parentelas, clãs, aldeias, tribos, onde por sobre as tarefas de reprodução da vida física, os homens aprender a criar a vida simbólica. A criar um tipo absolutamente novo de trocas onde entre um ser e outro não há apenas eles e a natureza, mas também objetos – o produto do trabalho do homem sobre a natureza –, sinais, símbolos, instituições e significados – o produto do homem sobre si mesmo – a cultura.

Então as pessoas aprendem. Como ensinar-e-aprender torna-se inevitável para que os grupos humanos sobrevivam agora e através do tempo, é necessário que se criem situações onde o trabalho e a convivência sejam também momentos de circulação do saber. Entre mundos e homens muito remotos, onde sequer emergira ainda a nossa espécie – o homo sapiens sapiens – este é o primeiro sentido em que é possível falar de educação e de educação popular. As primeiras situações em que a convivência estável e a comunicação simbólica transferem intencionalmente tipos e modos de saber necessários à reprodução da vida individual e coletiva. O conhecimento técnico dos vários meios, então rudimentares, de lidar com o mundo da natureza; os códigos de regras de conduta que, ao mesmo tempo, constituem e preservam a ordem de pequenos mundos sociais; os repertórios de significados regidos por ideias e palavras, por símbolos e saberes que instauram e multiplicam os mundos simbólicos do imaginário do homem.

Entre antropólogos é costume dizer-se que a sobrevivência de um modo social depende de os seus sujeitos descobrirem meios de entre eles, segundo as suas categorias de pessoas, circularem sempre: bens (alimentos, objetos, instrumentos e utensílios), mulheres (esposas que geram filhos e que, unindo-se a homens de seu grupo/clã ou de outros, estabelecem alianças entre os homens) e mensagens. Quando o homem sabe e ensina o saber, é sobre e através das relações de objetos, pessoas e ideias que ele está falando. E é no interior da totalidade e da diferença de situações através das quais o trabalho e as trocas de frutos do trabalho garantem a sobrevivência, a convivência e a transcendência, que, no interior de uma vida coletiva anterior à escola, mas plena de educação, os homens entre si se ensinam-e-aprendem. Ao mesmo tempo que socialmente a educação, um domínio da cultura entre outros, é condição da permanente recriação da própria cultura, individualmente a educação, uma relação de saber entre trocas de pessoas, é condição da criação da própria pessoa. Aprender significa tornar-se, sobre o organismo, uma pessoa, ou seja, realizar em cada experiência humana individual a passagem da natureza à cultura.

A educação forma a personalidade do indivíduo médio e o prepara para viver a cultura: é pela educação que a gênese da cultura se opera no indivíduo. Podese descrever a cultura mostrando como o indivíduo a assimila e como nele se constitui, à medida que ele a vai assimilando. Isto porque a educação é, ao mesmo tempo, uma instituição que o indivíduo encontra e o meio que ele tem para encontrar todas as instituições. (Mikel Dufrenne, *La personalité de base*).

Podemos imaginar que durante alguns poucos milhões

de anos, e atravessando, dos primitivos bandos errantes dos primeiros homos, às tribos e aldeias estáveis de agricultores de nossa própria espécie, após a revolução neolítica, uma reduzida, porém crescente diferenciação de situações, práticas e papéis na reprodução do saber. Locais especializados para o ensino, onde especialistas em ensinar fariam o seu trabalho, é uma criação muito tardia do homem. Durante quase toda a história social da humanidade a prática pedagógica existiu sempre, mas imersa em outras práticas sociais anteriores. Imersa no trabalho: durante as atividades de caça, pesca e coleta, depois, de agricultura e pastoreio, de artesanato e construção. Ali os mais velhos fazem e ensinam e os mais moços observam, repetem e aprendem. Imersa no ritual: seja no enterro de um morto (os homens do paleolítico superior já faziam isto com todo o cuidado), num rito de iniciação, ou em outra qualquer celebração coletiva, as pessoas cantam, dançam e representam, e tudo o que fazem não apenas celebra, mas ensina. E não ensina apenas as artes do canto, da dança e do drama. Ritos são aulas de codificação da vida social e da recriação, através dos símbolos que se dança, canta e representa, da memória e da identidade dos grupos humanos. Imersa nos diferentes trabalhos do viver o cotidiano da cultura: aparentemente espontâneas e desorganizadas, as situações de brincadeiras de meninos, as tropelias de adolescentes e as trocas do amor entre jovens são momentos de trocas de condutas e significados, regidas por regras e princípios que, aos poucos, incorporam à pessoa de cada um os códigos das diferentes outras situações da vida social. Incorporam, no seu todo, a própria estrutura simbólica da sociedade no universo pessoal de ideias, ações e sentimentos de cada pessoa.

Quando os homens do passado longínquo faziam, como fazem ainda hoje todas as sociedades tribais existentes, os seus ritos de passagem, eles não celebravam apenas o fato de que meninos e meninas chegaram a uma determinada idade. Celebravam também aqueles que eram reconhecidos como sabedores dos conhecimentos necessários para o ingresso na vida adulta: jovens que podiam – porque sabiam – caçar e pescar, guerrear e criar e, portanto, jovens que podiam casar e ter filhos, porque já haviam apreendido o bastante para serem adultos.

Enquanto o trabalho produtivo não se dividiu socialmente e um poder comunitário não se separou da vida social, também o saber necessário não teria existido separado da própria vida. Fora alguns poucos especialistas de artes e ofícios, como os da religião primitiva, em algumas tribos, com pequenas diferenças todos sabiam tudo e entre si se ensinavam-e-aprendiam, seja na rotina do trabalho, seja durante raros ritos onde, solenes e sagrados, os homens falavam aos deuses para, na verdade, ensinarem a si próprios que eram eles, e por quê. Esta foi uma primeira educação popular.

A divisão social do saber

É muito fácil imaginar, mas é difícil conhecer com certeza como uma fração do saber terá sido aprisionada por sistemas de educação e como, portanto, uma parte do ensino terá se tornado propriedade de educadores profissionais e da escola. É possível que primeiro tenham existido especialistas de tipos de saber que, mesmo servindo a todos, não eram possuídos por todos os membros do grupo. É possível que, aos poucos, tenham surgido pequenas confrarias de sabedores especializados: artistas, magos e feiticeiros. Tais confrarias de mestres de ofícios restritos terão se constituído por toda parte à medida que, sobretudo após a revolução neolítica, os homens dominaram meios e técnicas de produção de bens que estabilizaram os grupos sociais e tornaram possível e necessária uma grande diferenciação de sua ordem. Ali, primeiro artistas, artesãos e sábios da tribo e, depois, profissionais derivados de trabalho simbólico – agentes de culto, de cura e de comando – terão se separado parcialmente do trabalho produtivo direto e constituído modos e domínios sociais de trabalho e saber nos quais poucas pessoas, escolhidas por algum motivo, eram iniciadas. Modos e domínios de um saber próprio, apropriado do que antes fora comum e, pouco a pouco, separado dos conhecimentos coletivos, transformando-se, assim, no embrião de um poder de alguns. Mas uma separação completa de algumas modalidades de saber certamente foi ainda mais tardia na história.

Entre cerca de 10.000 e 15.000 anos atrás, os grupos humanos realizaram transformações extraordinárias na ordem da vida social. Após as conquistas tecnológicas dos homos que nos antecederam – os homens de Cro-Magnon – dentro de um mundo onde já havia o domínio do fogo, a construção de casas rústicas, a formação de primeiras pequenas aldeias estáveis de caçadores-coletores, os homens de quem descendemos diretamente realizaram a mais notável invenção da história humana. Ao longo de milênios eles domesticaram grãos e cereais silvestres – o trigo, o milho e o arroz – e se tornaram, finalmente, plenos agricultores. Domesticaram também vários animais e se tornaram pastores e criadores.

Eis que então surge um produto da terra cuja produtividade é geométrica, se comparada com as frutas e os tubérculos que eram antes coletados ou, quem sabe? já esporadicamente plantados. Trigo (civilizações orientais e, depois, europeias), arroz (civilizações orientais) e milho (civilizações americanas) podiam ser plantados sazonalmente e produziam em poucos meses; podiam ser transformadas em muitas variedades de alimentos altamente nutritivos; podiam ser guardados em silos durante meses, durante anos e, assim, podiam ser usados em tempo de chuva e seca, de fartura e de escassez; podiam ser trocados por outros alimentos, ou por outros bens e, consequentemente, variavam de um efêmero bem de uso (a comida) para um poderoso bem de troca (a mercadoria), logo, um meio de acumulação, de riqueza e de poder. A primeira consequência do domínio do homem sobre o grão e o cereal foi a transformação de pequenos bandos errantes em tribos maiores e mais estáveis. Antes da cidade, a tribo é um produto da agricultura e do pastoreio. A tecnologia desenvolvida em um surpreendente pouco tempo comparado com a demorada história de tudo o que o homem inventara antes – pelos agricultores do neolítico equipou grupos humanos mais amplos a atuarem criativamente na transformação de seus meios ambientes e de suas próprias ordens sociais. Pela primeira vez o homem domina de fato a natureza e pode viver coletivamente do que faz sobre ela e, não, do que obtém dela. A revolução neolítica é a aurora do domínio da tribo sobre o mundo. Livre da servidão da caça e da coleta, o homem vai agora ocupar toda a terra, multiplicar-se, criar sociedades estáveis, numericamente grandes e socialmente complexas, e vai gerar a tribo, a aldeia e a cidade, produtos da terra, produtos da agricultura de cereais. Acompanhemos com cuidado esses passos, porque a aldeia e a cidade são os lugares onde o ensino vira a educação.

Através do plantio de grãos o homem pode afinal fixar-se, separar-se de atividades contínuas e de resultado imprevisto, como a caça e a coleta e, finalmente, pode multiplicar-se. Mais livre do que antes da natureza de que é parte, através de se estender sobre ela o domínio da cultura, o homem do neolítico construiu aldeias que se tornaram cidades e cidades que começaram a ser o embrião de impérios. Locais de moradia concentrada de muitas pessoas organizadas em sociedades cada vez mais complexas e diferenciadas. A cidade, guardiã da riqueza e do poder acumulados, concentrados em poucas mãos e separados da vida social da comunidade, passou a viver do que o trabalho produzia fora dela, no campo. Para proteger a riqueza e conservar o poder, os senhores da cidade aos poucos criaram o Estado, as milícias, a ciência, a religião e a arte, que já não representavam mais a vida solitária da comunidade antecedente, mas a sua divisão. A necessidade de estender a súditos mais distantes e diferenciados um mesmo poder obrigou a cidade a multiplicar ofícios e profissionais separados, de um lado, do puro exercício do poder (de quem em boa medida tornaram-se emissários) e, de outro, do trabalho produtivo. Muitos anos mais tarde, um lavrador mineiro tentando compreender quem eu era, quando disse que era professor, respondeu assim: "Ah, o senhor é uma pessoa dessas que não mandam nem trabalham".

No interior disto a quem damos o nome de civilização – um produto do trigo, do arroz e do milho – a cidade criou a escola. Primeiro como um lugar nos templos onde eram educados nobres e sacerdotes, também escribas e legisladores; depois, pouco a pouco, como um lugar separado para o puro exercício do ensino, a educação encontra nela e nos sistemas que gera, pela primeira vez, a possibilidade de separar-se das outras práticas sociais em que esteve sempre imersa e tornar-se educação. E transformar-se em uma prática social em si mesma: um domínio de trabalho à parte, separado e, depois, oposto do/ao trabalho popular produtivo de que finalmente se liberta, ao transitar de um lugar de reprodução do saber comunitário a um lugar de um saber erudito e, consequentemente, de um novo tipo de poder que o saber descobre "poder ser".

Este é o momento – um longo momento da história – em que a educação popular, como saber da comunidade, torna-se a fração do saber daqueles que, presos ao trabalho, existem à margem do poder. Existem no interior de mundos sociais regidos agora pela desigualdade, e que dedicam uma boa parte do saber que produzem à consagração de sua própria desigualdade.

Uma divisão social do conhecimento necessário não aconteceu de uma vez, é preciso insistir, nem se deu ao mesmo modo em todos os tipos de sociedades, desde um remoto momento da Pré-História até hoje. Em muitas das quase 200 tribos indígenas do Brasil atual, o processo geral do saber não produziu nem incorporou ainda divisões como as que conhecemos em nosso meio, aquilo a que os antropólogos costumam chamar de: sociedades complexas. Assim, em mundos sociais simples, sem divisões desiguais de poder e trabalho, um mesmo saber circula através de todo o domínio da vida comunitária, sem agentes especialistas de seu controle e sem instituições exclusivas de trabalho educativo.

Mesmo entre grupos tribais, em aldeias e sociedades mais amplas, onde as relações com a natureza especializam o trabalho e começam a opor categorias de sujeitos sociais, deixando a uns o puro exercício do poder, pequenas confrarias de senhores "feudais", de magos e feiticeiros, de artistas e artesãos, separam do repertório do conhecimento comum (ciência, tecnologia, arte, mitos e crenças tribais) setores de saber que se apropriam, saberes que reelaboram, com os quais produzem o exercício da prática e a legitimidade de seu ofício e que, em muitos casos, tornam parcial ou totalmente interditos aos "outros". Frações antes comunitárias de palavras que vão do fabrico de um veneno ao conhecimento dos cosmos passam para o domínio de confrarias. De unidades restritas de sabedores, onde o ingresso é um privilégio e onde o saber é ensinado como um segredo. Opostos a modos de saber de confraria, um saber de consenso, aquele que entre nós temos chamado de "saber popular", tornouse, ao mesmo tempo, o domínio comunitário e o limite de todo o conhecimento daqueles que, presos ao trabalho, foram pouco a pouco submetidos a um poder separado e ao seu saber: o saber erudito, dominante, oficial.

Escravos, servos, homens e mulheres comuns aprendiam uns com os outros tudo o que era necessário para o exercício dos seus trabalhos: na casa, no quintal, na lavoura, na construção. Aprendiam nos ritos, a que os magos e sacerdotes os convocavam, os mitos que explicavam sua própria origem e as razões, quase sempre sagradas, da ordem do mundo em que viviam.

Com graus muito variáveis de separação da vida comunitária do cotidiano das "gentes comuns", aquilo a que damos o nome de educação foi aos poucos sendo constituído como um sistema de trocas agenciadas de frações restritas do saber, através do ofício profissional de especialistas em saber e ensinar a saber. Primeiro imersa nas atividades de trabalho produtivo ou simbólico de confrarias de artesãos ou sacerdotes e, depois, levada às ruas e ao mercado como "loja de primeiras letras", a educação agenciada participou de um processo de inversão do sentido original das trocas solidárias de conhecimentos. Assim, a educação como prática em si mesma e a escola como o lugar físico do seu exercício representam um desdobramento do processo de expropriação do poder comunitário sobre a totalidade do saber necessário.

A produção de um saber popular se dá, pois, em direção oposta àquela que muitos imaginam ser a verdadeira. Não existiu primeiro um saber científico, tecnológico, artístico ou religioso "sábio e erudito" que, levado a escravos, servos, camponeses e pequenos artesãos, tornou-se, empobrecido, um "saber do povo". Houve primeiro um saber de todos que, separado e interdito, tornou-se "sábio e erudito"; o saber legítimo que pronuncia a verdade e que, por oposição, estabelece como "popular" o saber do consenso de onde se originou. A diferença fundamental entre um e outro não está tanto em graus de qualidade. Está no fato de que um, "erudito", tornouse uma forma própria, centralizada e legítima de conhecimento associado a diferentes instâncias de poder, enquanto o outro, "popular", restou difuso – não centralizado em uma agência de especialistas ou em um pólo separado de poder – no interior da vida subalterna da sociedade.

A partir desta divisão esses dois domínios de saber não existem nem separados um do outro, nem paralelos um ao outro. A todo momento há relações sociais entre sujeitos e agências. Há um processo contínuo de expropriação erudita de segmentos do saber popular (isto acontece todos os dias nos domínios da música, das artes em geral, da religião, e qualquer um pode observar, prestando atenção). Há um processo contínuo de reapropriação popular de segmentos de um saber erudito que a lógica do campesinato, por exemplo, redefine (curandeiros do interior de Goiás compram livros de medicina homeopática, leem, aprendem, rearticulam o conhecimento "médico" com o "curandeiro" e receitam, ao mesmo tempo, remédios e "garrafadas"). Há um processo contínuo de violência simbólica de domínios de especialistas eruditos sobre profissionais de um saber e uma prática populares (investigar, por exemplo, a longa luta no Brasil entre agências de medicina oficial e os especialistas de medicina popular). Há um processo contínuo de reorganização de áreas profissionais de saber que traçam e retraçam fronteiras entre um domínio e outro (pesquisar a trajetória da profissionalização do educador no Brasil: professores leigos, "da comunidade", autônomos e, depois, incorporados à "rede oficial de ensino de 1º grau"; professores-sacerdotes, professores profissionais; o desdobramento recente do "professor" nas várias categorias especializadas de "educador"). Há trocas, conflitos, alianças e resistências. As relações do processo geral do saber não são autônomas, vimos, e portanto observam trajetórias de articulações políticas equivalentes à de outras práticas sociais necessárias.

Um saber da comunidade torna-se o saber das frações (classes, grupos, povos, tribos) subalternas da sociedade desigual. Em um primeiro longínquo sentido, as formas – imersas ou não em outras práticas sociais –, através das quais o saber das classes populares ou das comunidades sem classes é transferido entre grupos ou pessoas, são a sua educação popular.

O TRABALHO DE DEMOCRATIZAÇÃO DO SABER ESCOLAR
(A educação popular como ensino público)

As lutas pela educação laica e pública

Quando educadores e cientistas sociais escrevem as palavras "educação popular", eles não dão a elas o sentido que lhes atribuí, leitor, uma página atrás. Ao contrário, a educação popular tende a aparecer, primeiro, como alguma modalidade agenciada e profissional de extensão dos serviços da escola a diferentes categorias de sujeitos dos setores populares da sociedade, ou a grupos sociais de outras etnias, existentes nela ou à sua margem. Ou então educação popular denomina, depois, os tempos e tipos de luta de políticos e intelectuais para que uma tal educação escolar seja de algum modo estendida ao povo.

Assim, ao descrever o trabalho pedagógico dos primeiros missionários no Brasil, Fernando de Azevedo associa o ensino escolar que os jesuítas deram a crianças indígenas, mestiças e brancas com o embrião de uma educação popular no país.

> Atraindo os meninos índios às suas casas ou indo-lhes ao encontro nas aldeias; associando numa mesma comunidade escolar, filhos de nativos e de reinóis – brancos, índios e mestiços – e procurando na educação dos filhos conquistar e reeducar os pais, os jesuítas não estavam servindo apenas à obra da catequese, mas lançavam as bases da educação popular... (Fernando de Azevedo, *A cultura brasileira*, p. 15).

Na verdade, fora casos de exceção, o trabalho pedagógico escolar dirigido a índios, negros e brancos pobres foi restrito e provisório durante todo o período colonial. Com o tempo, um primeiro "sistema escolar" tomou no Brasil a forma usual da educação na sociedade colonizada: algumas missões com escolas para alguns grupos indígenas; algumas raras escolas de ordens religiosas dirigidas predominantemente a filhos e filhas de senhores da Coroa e homens ricos da cidade ou do campo; uma rede espontânea de pequenas escolas de primeiras letras, exercidas por professores leigos, muitos deles pouco mais do que "alfabetizados", como costuma acontecer até hoje no interior do país. Mais tarde, raros centros "reais" de ensino profissionalizante, ao lado de conventos, mosteiros e seminários, durante muito tempo, os lugares únicos de uma educação escolarizada acima da "elementar".

Fora do domínio da educação escolar, a trama das muitas situações e práticas corporadas ou comunitárias onde outros saberes se difundiam. Pequenas oficinas de trabalho urbano muitas delas formando, associadas, confrarias ou irmandades religiosas – formavam durante a prática do trabalho-ensino futuros artesãos e oficiais, futuros mestres que ensinariam outros aprendizes a serem ourives, seleiros, ferreiros, marceneiros, serralheiros, pedreiros, pintores ou músicos.

A aprendizagem dos ofícios manufatureiros era realizada, na colônia, segundo padrões dominantemente assistemáticos, consistindo no desempenho, por ajudantes/aprendizes, das tarefas integrantes do processo técnico de trabalho. Os ajudantes não eram necessariamente aprendizes, mesmo quando menores de idade. O fato de um outro aprender o ofício não era intencional nem necessário. As corporações de ofício, ao contrário, programavam a aprendizagem sistemática de todos os ofícios embandeirados, estipulando que todos os menores ajudantes devessem ser, necessariamente, aprendizes, a menos que fossem escravos. Determinavam o número máximo de aprendizes por mestre, a duração da aprendizagem, os mecanismos de avaliação, os registros dos contratos de aprendizagem, a remuneração dos aprendizes e outras questões". (Luís Antônio Cunha, "Aspectos sociais da aprendizagem de ofícios manufatureiros no Brasil Colônia", *Fórum*, out.-dez. 1978, p. 33).

Foi somente na medida em que a retórica liberal passou a corresponder ao interesse das novas camadas sociais que emergiram com o início da industrialização, a maciça imigração europeia e o surgimento de novas oportunidades de trabalho na cidade, que começou a processar-se, em algumas regiões do país, uma real expansão do ensino. (Maria Malta Campos, *Escola e participação popular*, p. 10).

É associado aos movimentos civis e lutas pela democratização do ensino brasileiro que o nome educação popular aparece com aspas em Celso de Rui Beisiegel (*Estado e educação popular*, pp. 34-58), e sem elas em Vanilda Pereira Paiva (*Educação popular e educação de adultos,* pp. 53-87), quando eles discutem as relações entre o Estado, a sociedade civil e a educação das classes populares no país. A escola pública, estendida por governos de estados e municípios a populações rurais e urbanas do país, durante muito anos afastadas do ensino escolar, é um dos resultados dessa primeira mobilização nacional pela educação universal. Iniciativas muito isoladas de criação de escolas gratuitas, desde o Império, foram sendo timidamente ampliadas nos primeiros anos da República. Mas a ausência de uma definida política educacional e o abandono da responsabilidade de promover a educação escolar de 1º grau nas províncias, nos estados, somaram-se a fatores sociais externos ao âmbito da educação, mas com influência sobre ele, para resultarem em progressos lentos, cujos efeitos foram muito pequenos, seja sobre a melhoria dos índices de benefícios escolares às populações pobres, seja sobre uma modificação na qualidade da participação delas na vida nacional.

Ao iniciar-se o período republicano, a situação da instrução popular não era das mais alentadoras. Com uma população de 14 milhões de habitantes no último ano de Império, contávamos com uma frequência de apenas 250.000 alunos em nossas escolas primárias e o crescimento das escolas e matrículas se fazia muito lentamente. O progresso do ensino elementar na primeira metade da República Velha pode mesmo ser considerado insignificante; o Boletim Comemorativo da Exposição Nacional de 1908 anunciava um total de um pouco mais de 11 mil escolas elementares com matrícula de quase 600 mil alunos e frequência inferior a 400 mil em todo o país. (Vanilda Pereira Paiva, *Educação popular e educação de adultos*, p. 84).

Era sobre os altos índices do analfabetismo, que mais esta notável carência escolar se fazia gritante. Uma estatística publicada pelos EUA no período desenhava para o Brasil um índice de 85,2% de analfabetos, uma das proporções mais altas entre os inúmeros países estudados. Apenas após a Primeira Guerra Mundial, a partir de 1920, é que acontece entre nós o que se poderia chamar de uma ampla luta em favor de uma primeira educação popular. O deslocamento do capital da agricultura para a indústria, da varanda das grandes fazendas para as janelas dos edifícios pioneiros; o surgimento de um empresariado progressista, se comparado com os senhores do café e da cana; a organização de grupos e partidos políticos de tendências liberais colocaram a questão da democratização da educação e da construção, através também de seus efeitos, de uma sociedade democrática, entre os principais temas do período.

Uma "luta pela educação" é então dirigida ao "combate ao analfabetismo" e à expansão imediata da rede escolar – centralizada agora pelo governo republicano federal – a todos, em todos os lugares.

É comum educadores e estudiosos do assunto hoje em dia chamarem o que aconteceu entre os anos 1920 e 1940 de "entusiasmos pela educação". Por uma crença que mesclava, entre nós, ideias liberais francesas com realizações sociais norte-americanas, e tinham as suas bases em dois princípios que se completavam. O primeiro: a educação escolar era não só um direito de todos os cidadãos, mas o meio mais imediato, justo e realizável de construção das bases de uma sociedade democrática. O segundo: modificações fundamentais nas formas e na qualidade da participação de inúmeros brasileiros, tanto na cultura quanto na vida econômica e política do país, eram uma condição fundamental para a melhoria dos indicadores de nossa situação de atraso e pobreza; a educação estendida a todos através de uma mesma escola: pública, laica e gratuita é um instrumento indispensável em tudo isto.

A partir da "luta pela escola pública" e das primeiras iniciativas de "combate ao analfabetismo", muitas conquistas foram obtidas. Mas o ideal de uma educação popular liberal foi um projeto nunca plenamente realizado no Brasil. Quase 70 anos depois, o nosso índice de analfabetismo é ainda grande, sobretudo nas áreas rurais e nas regiões menos atingidas por surtos de industrialização. Mesmo em graus elementares, a escola pública é deficiente e deixa ainda à margem de uma educação escolar adequada um número muito grande e persistente de crianças e adolescentes pobres. Finalmente, todo o processo de modernização do sistema escolar não resultou, até agora, em uma oferta de educação compatível com as necessidades de instrução, formação, instrumentalização e capacitação das pessoas de povo. Mas a crítica das relações entre a educação formal e a sociedade não vale apenas para o Brasil. Sequer para a América Latina. Recuemos alguns passos e busquemos no caminho de volta as razões pelas quais um dia surgiram, mas adiante, ideias e propostas de uma educação popular, no lugar onde antes ela foi pensada como escola pública.

A crítica da educação "para todos"

Existe uma maneira de compreender diferenças na educação, que a crítica do sistema escolar na sociedade desigual tem procurado corrigir. É fácil pensar que, tal como acontece em outros tantos setores da oferta de "serviços e benefícios sociais", quando as oportunidades de chegar à escola, de permanecer nela o tempo devido e de obter, do que ali se troca, todos os bens da educação, estão desigualmente distribuídas, isto se deve a problemas como os seguintes: 1) as disponibilidades econômicas do país, ou de algumas regiões, não permitem investimentos suficientes para que todos recebam toda a educação devida, por enquanto; 2) outros problemas que não os "de educação" impedem ou dificultam a presença regular de crianças pobres ou "de meio rural" na escola; 3) famílias com uma história crônica de baixos índices de escolaridade, de dificuldades de trabalho e, consequentemente, de carências de nutrição, saúde e estabilidade, não possuem um interesse persistente pela educação de seus filhos.

Estas e outras questões ajudam a explicar por que, por exemplo, mesmo em uma cidade como São Paulo, nos bairros de periferia, os índices de retenção na série (repetência) e de exclusão da escola (evasão escolar) são sempre muito mais altos do que os dois bairros centrais, mesmo quando a comparação é apenas entre "escolas públicas". Mas o que explica estas questões? Quais os mecanismos que geram a sua desbragada reprodução e provocam que a educação escolar resista a ser, até hoje, como há cerca de 60 anos sonharam os militantes da "educação pública, laica e democrática" que ela poderia ser?

No interior de uma sociedade que divide o trabalho e o poder, e que faz de tal divisão, a condição de sua ordem e a base de outras tantas divisões, o sistema de educação escolar acompanha, ao lado de outros, processos e práticas sociais de reprodução, controle e manipulação da própria desigualdade. Acompanha também o trabalho simbólico – o que se diz, o que se mostra, o que se afirma, o que se esconde – de consagração do valor e da necessidade de tal ordem, tanto quanto o trabalho de ocultamento de suas condições reais e da possibilidade histórica de sua transformação. É impossível negar os números e esconder com eles que entre vidas diferentes, a educação ajuda a traçar destinos desiguais. Mas é importante que uma retórica oficialmente social e educativa proclame que, pelo menos nos seus primeiros níveis, a educação é um direito estendido do mesmo modo a todos. É importante que seja consagrada a ideia de que não apenas todas as crianças e adolescentes devem ser educados qualitativamente da mesma maneira, como também, através da educação, os "menos favorecidos" devem conquistar condições de acesso ao trabalho e à vida social que, fora da escola, a sociedade oferece com sobras a uns e, com extrema avareza, a outros.

Mas, por outro lado, é necessário também que, na prática, a educação escolar não seja oferecida a todos da mesma maneira e, assim, dos bancos e das salas de aula dos seus vários "níveis" ou "graus", saiam desigualmente repartidos para a vida e o trabalho: uma pequena fração de senhores do poder e/ou do capital (para quem não raro o seu próprio "estudo" não é tão importante); uma faixa intermediária de trabalhadores funcionários ou liberais, funcionalmente colocados a meio caminho entre o puro trabalho e o puro poder e, portanto, liberados de serem trabalhadores "braçais"; finalmente, uma massa multiplicada destes últimos: sujeitos pobres e subalternos, a quem o "nível de ensino" dado civilize e torne eficazes para o trabalho, sem alcançar ser, no entanto, melhor do que a sua condição de classe e maior do que devem ser as suas "aspirações" de vida.

Uma desigualdade persistente de oferta dos bens da escola não parece ser privilégio de nações como as da América Latina. Países centrais da ordem capitalista e, portanto, muito mais ricos e desenvolvidos, não deixam de manter na educação a mesma hierarquia de direitos e deveres que regem outros domínios da vida e do trabalho, embora tenham conseguido corrigir há muito tempo os índices extremos que persistem entre nós. Algumas pesquisas recentes têm mostrado que, mesmo na França e nos Estados Unidos – os dois países que mais influenciaram a educação brasileira – para filhos de camponeses e operários, a trajetória escolar é mais curta e mais pobre que para filhos de professores e industriais. Na maior parte dos casos, ela começa na 1ª série do 1º grau e termina entre as últimas do mesmo grau, ou as primeiras do 2º, desde onde o jovem é deslocado do mundo do "saber sem trabalho" (a escola), para o mundo do "trabalho sem saber" (a "roça", a agroindústria, a fábrica). De outra parte, para os filhos de famílias livres do trabalho subalterno, a educação começa de fato no segundo grau e se realiza plenamente na universidade, desde onde o jovem sai para ser dirigente, ou para ser um entre muitos outros especialistas do trabalho social de mediação entre a ordem do poder mais o interesse do capital e a massa produtiva e "deseducada" dos trabalhadores que, submissos à ordem, multiplicam o interesse.

No caso brasileiro, a ampliação do ensino desigual não deriva somente de condições menos favoráveis de inversão na educação e de uma ampliação consequente da oferta pública de ensino escolar. Algumas professoras da Universidade Federal do Rio de Janeiro realizaram uma extensa pesquisa sobre "evasão e repetência no ensino de 1º grau no Brasil". Levantaram cerca de 1.700 títulos de estudos sobre o assunto e escolheram 80 pesquisas mais adequadas a uma avaliação. Consultaram também uma longa lista de estudos semelhantes feitos em outros países do mundo. As diferenças quantitativas foram relevantes, mas as tendências de causas e explicações não. Existem fatores propriamente escolares responsáveis pelo fracasso escolar de crianças, sobretudo das classes populares. Mas vários estudos indicam que eles em geral estão associados a fatores sociais que incidem sobre as condições diretas do trabalho em sala de aula: 1) seja devido a carências graves dos alunos; 2) seja devido a precariedade das alternativas de formação profissional e realização do trabalho escolar por parte dos professores (Anna Maria Baeta, Any Dutra da Rocha e Zaia Brandão, *O fracasso escolar: o estado do conhecimento sobre evasão e repetência no ensino de 1º grau no Brasil – 1971/1981*).

Um outro estudo, realizado em São Paulo, aponta com rigor a relação entre a origem social do aluno, o seu destino escolar e as condições de sua esperança na educação: 1) há uma diferença notável entre os alunos das séries iniciais e os das quatro últimas do 1º grau, do ponto de vista socioeconômico; 2) a porcentagem de alunos cujos pais pouco estudaram diminui muito ao longo do curso; 3) as dificuldades de adaptação do "aluno migrante" a escola da capital (eles são mais da metade, em média) são muito acentuadas e o sistema de educação não leva isto em conta;

4) crianças das camadas mais pobres repetem com mais frequência as séries, a partir das primeiras, e são excluídas mais cedo e em maior quantidade da escola, sendo que os seus lugares vão sendo ocupados por igual número de crianças "menos pobres"; 5) como os pais que podem preferem colocar os filhos em escolas particulares, nas escolas públicas uma redução social de alunos mais pobres equivale a uma redução efetiva do número total de alunos nas últimas séries; 6) o índice médio de repetência é de cerca de 50% e piora do "centro" para a "periferia", de tal maneira que, no geral, menos de um terço dos alunos está na idade adequada para a série que frequenta; 7) os dois terços restantes estão defasados porque entraram tarde na escola, porque foram obrigados a abandonar os estudos por algum tempo ou porque são repetentes ocasionais ou costumeiros; 8) entre estes últimos, principalmente, a carreira escolar tende a ser breve e vazia: após alguns anos de fracasso repetido, os pais retiram o filho da escola (Lia Rosemberg, *Relações entre origem social, condições da escola e rendimento escolar de crianças no ensino público estadual de 1º grau da grande cidade*).

Notícia escrita por Catarina Arimateia na *Folha de S. Paulo*, em 29 de maio de 1983:

> Em cada grupo de cem crianças matriculadas na primeira série do 1º grau, em escolas da rede estadual

de ensino, apenas vinte conseguem cursar a quinta série. Não menos preocupante é o índice de repetência: cerca de 50% dos alunos ficam retidos na primeira série por uma ou mais vezes, conforme dados fornecidos pelo secretário estadual de Educação, Paulo de Tarso Santo.

A notícia prossegue. Um levantamento feito em São Paulo no ano de 1980 afirma que, de 645.830 crianças matriculadas na 1ª série, 234.901 repetiram e 43.246 abandonaram a escola. Em 1981, 392.905 crianças matriculadas na 1ª série passaram para a 2ª, de um total de 613.470. Se o censo escolar de 1977 é verdadeiro, ele é também assustador: mais da metade dos alunos de São Paulo não conseguiu passar da 3ª série; apenas uma parte chegou à 4ª série e 11% completaram a 8ª.

Existe um outro indicador de desigualdades para o qual o sistema escolar costuma ser pouco sensível. De modo crescente à medida que desce de classe, a criança e o adolescente pobres são trabalhadores precoces que estudam. É através do trabalho, não do "ensino", que se dá a inserção deles na vida social e o "estudo" para um trabalho futuro concorre com o tempo do trabalho atual que, para muitos, torna precário ou impossível o exercício do próprio estudo. Na mesma pesquisa de Lia Rosemberg, cerca de 1/5 dos alunos de escolas públicas da cidade de São Paulo trabalha, ou está em busca de um trabalho. A proporção aumenta à medida que diminui a renda familiar, e é bastante mais alta entre adolescentes de cursos noturnos.

Conclusões de uma pesquisa feita por Maria Malta Campo em escolas da periferia de São Paulo:

> A entrada no mercado de trabalho é inevitável e vem sendo antecipada, com o agravamento das condições de vida: 19,5% das crianças de 7 a 14 anos estão trabalhando. Retardar esse ingresso parece determinante nas oportunidades escolares. Retardar esse ingresso parece determinante nas oportunidades escolares. Os quatro ou cinco jovens conhecidos no bairro, que cursam o colegial, não estão trabalhando. Ocorre que 45,4% dos filhos maiores de sete anos trabalham. A ocupação existentes para menores é quase sempre sem especialização. Os maiores encontram trabalho em serviços semiespecializados e na indústria. Trabalhar e estudar ao mesmo tempo foi mencionado pelas mães como a dificuldade mais sentida pelos filhos que, depois de tentarem algum tempo, desistem antes mesmo de completar a 4ª série. 'Trabalhar o dia inteiro, se alimentar mal e estudar à noite, não dá não'. Do total de filhos que trabalham, 72,9% estão fora da escola. (Maria Malta Campos, *Escola e participação popular: A luta por educação elementar em dois bairros de São Paulo*, pp. 277-278).

Pesquisas feitas em meio rural têm demonstrado que é cada vez maior o número de crianças incorporadas precocemente ao trabalho agrícola, seja na propriedade camponesa, onde a família participa como uma unidade corporada do trabalho da casa, do quintal e da lavoura, seja na massa dos trabalhadores volantes, onde é muito grande o número de meninos incorporados aos grupos de boias-frias entre 9 e 11 anos. Ali, meninos retirados da escola, ou crianças que dividem o estudo com o trabalho, fazem o ofício do lavrador subalterno sem muita diferença do modo como os adultos dele participam.

> Os menores têm regime idêntico aos demais: começam às 7h30min replantando cana e jogando 'remédio' (adubo); param para o almoço às 12h e recomeçam meia hora depois, parando apenas às 16h. (...) Jorge, de 12 anos, que trabalha com a mãe e mais alguns irmãos em um lote da Usina Outeiro que está sendo limpo, diz que capina por dia umas '10 linhas' para ganhar Cr$ 15,00. (Maria Helena Rocha Antuniassi, *Trabalhador infantil e a escolarização no meio rural*, p.108).

Um simples andar pela cidade revela aquilo que a fala oficial justifica: a educação do povo é deficiente e desvela aquilo que ela oculta: a deficiência aparentemente acidental sustenta a necessidade de que a educação seja desigual.

Afirmando possuir as condições do jogo, onde todos de início são dados como iguais e partem das mesmas condições, sobre as quais a diferença da qualidade individual estabeleça a diversidade dos resultados, ela se realiza como um rito, onde as posições estão desmarcadas de modo antecedente e desigual, e os resultados, portanto, são conhecidos antes de serem cumpridos pelos atores da escola.

De um lado corpos nutridos e uma adolescência que livra da fome, da opressão, da instabilidade e do trabalho precoce, o tempo longo necessário ao pleno "estudo na escola". As escolas particulares, ou as melhores escolas públicas; salas limpas e professores titulados; métodos entre Montessori e Piaget; ações criativas e recursos pródigos entre a pré-escola e o "cursinho", entre ele e o doutorado, de tal sorte que o fracasso escolar é uma questão individual e lamentável. Nem os pais nem a sociedade esperam que "os que podem" fracassem. De outro lado corpos frágeis, onde a desnutrição e o esforço do trabalho precoce deixam marcas que, o professor sabe, não se apagam e ajudam a que o aluno – sem tempo, sem condições e "sem estímulo" – não aprenda. As escolas públicas e precárias da "periferia", ou a escolinha rural "de emergência", onde o professor amontoa em uma mesma sala, entre assustados e arredios, diversos candidatos ao que a retórica do assunto chama "fracasso escolar".

O "fracasso" é o instrumento da recriação da

desigualdade e, também por isso, é difícil resolvê-lo. Assim, aqueles que algumas páginas adiante encontraremos reconvocados aos bancos do ensino escolar do supletivo, da educação de adultos são os mesmos que alguns anos antes o sistema social que requer da educação ela ser "como é", tornou: não participantes (os que nunca estudaram), excluídos da escola (os que saíram cedo) ou retidos na série (os que ficaram, sem "passar"). Fracassados escolares de um ensino que, de uma determinada "faixa salarial familiar" para baixo, funciona justamente através de fazer crianças e adolescentes trabalhadores passarem pela escola sem haverem nunca passado pela educação escolar, para que o seu trabalho adulto, subalterno, seja o de quem aprendeu sem tempo de tirar do saber do estudo o proveito que torne dignos o trabalho e a vida.

A questão atual do ensino escolar do povo

Acho que deixei a impressão de que a primeira luta por uma educação popular no Brasil foi um assunto de educadores e intelectuais de gabinete. É assim que se costuma contar as histórias da História do Brasil. As pessoas do povo, nossos índios, negros e brancos pobres, ausentes do trabalho coletivo de fazer a história, a não ser quando servem exemplarmente ao senhor branco, como Henrique Dias, ou quando também exemplarmente se revoltam contra o seu poder, como Zumbi ou Antônio Conselheiro, são massas anônimas de "gentes", tribos e grupos. Mas são plenos sujeitos "da cultura". Então os livros povoam o território que o senhor e seus emissários conquistaram de incontáveis "tipos culturais" que foram povoando: gaúchos, caipiras, capoeiras, baianas, seringueiros, nordestinos.

Pesquisas recentes realizadas sobretudo em São Paulo redescobrem a presença de grupos, classes e comunidades populares nas lutas e conquistas da educação. Eles corrigem uma visão costumeira segundo a qual esses pobres do campo e da cidade, produtores anônimos de culturas, sem possuírem a Cultura, nunca estiveram interessados pela educação dos seus filhos. Ao contrário, tanto a consulta atenta a documentos do passado quanto a observação do que acontece hoje em dia entre pais de crianças em idade escolar apontam o mesmo interesse pela escola e, não raro, o mesmo empenho em cobrar do governo o ensino necessário.

Ainda em 20 de novembro de 1885, em representação à Câmara Municipal da cidade, contava Oracy Nogueira que os moradores do bairro do Faxinal do Capivari pleiteavam a criação de uma escola na localidade, por estar a quatro léguas a mais próxima e haver na vizinhança, 50 meninos 'no caso de aprender a ler'. Também é preciso destacar a observação do autor de que a população sempre viu, na educação formal, um serviço eminentemente público, de competência governamental, que somente ante a omissão dos poderes públicos e em face da insuficiência das instituições oficiais, se impunha aos interessados prover pelos seus próprios meios. E as deficiências quantitativas eram muitas, pois em 1874 havia na zona rural do município apenas três cadeiras criadas, mas todas estavam vagas, isto é, não funcionavam. (Zélia de Brito Fabri Demartini, *Uma visão histórico-sociológica da educação da população rural em São Paulo*).

Velhas histórias de interesses familiares e comunitários pela educação, desde pelo menos o século passado. Episódios da face oculta da participação de camponeses e assalariados do campo e da periferia das cidades pela educação de seus filhos. O que se poderia chamar aqui de momentos de mobilização popular em favor da escola pública, é alguma coisa que, silenciosa, mas presente, no passado, retorna por toda parte, entre movimentos populares e associações de bairros, de moradores, de mulheres, com que teremos de nos encontrar mais adiante.

'Com dados de uma pesquisa atual realizada em bairros periféricos de São Paulo, Maria Malta Campos insiste em que a população das áreas mais carentes está sempre atenta às questões da educação e, não raro, mobiliza-se e luta por conseguir, seja a implantação de uma escola pública, seja a melhoria das condições sempre precárias das escolas implantadas. Isto porque, ao contrário da maneira como pensam aqueles para quem tudo o que acontece no âmbito das políticas educacionais e dos sistemas de educação é planejado, justo e racional, e só não se cumpre plenamente "por razões alheias à nossa vontade", a oferta de bens de educação às populações marginalizadas é regida por uma lógica – e uma ética – igualmente marginais. Primeiro: em geral não obedece a uma análise coerente de disponibilidades e prioridades, reservando aos que têm menos e vivem "à margem", uma educação igualmente caracterizada pelo "menos" (menos escolas, menos professores, menos recursos, menos interesse). Segundo: não é oferecida às comunidades mais carentes por iniciativa de poder público, mas com frequência resulta de um trabalho às vezes lento e demorado de cobrança de seus moradores às autoridades do setor.

Examinando com mais detalhe como se processou a expansão do ensino primário na cidade de São Paulo, a partir de 1930, é possível, se não reconstituir, pelo menos perceber, nessa história, os sinais da presença e das reivindicações das camadas populares por acesso à escola. Esses sinais, que podem ser identificados, de forma indireta, através da análise da atuação do Estado, só ganham sentido se é adotado, desde o início, o pressuposto de que a pressão da demanda é um aspecto fundamental na explicação dessa atuação. (Maria Malta Campos, *Escola e participação popular: A luta por educação elementar em dois bairros de São Paulo*, p. 6).

Vamos topar algumas páginas à frente, leitor, com pessoas que reduzem o âmbito da prática de uma educação popular a um trabalho político através do ofício do educador, dirigido à produção e reprodução de um poder popular através da construção coletiva, no âmbito das classes subalternas, de um saber popular. Isto se faz fora do âmbito da escola, da educação, seriada. Fora também e, para alguns, fora principalmente dos espaços e sistemas oficiais da educação escolar. Por isso, durante algum tempo houve um esforço para associar a educação popular a um modo alternativo de trabalhar com o povo através da educação.

Entre graus variáveis de oposição a tal pressuposto, estão aqueles para quem uma das principais características de uma educação popular é justamente a ampliação da sua possibilidade de ser alternativo. Dirigida a sujeitos, grupos e classes populares em suas comunidades de vida e trabalho e, cada vez mais, um assunto, um trabalho e um sistema de que o povo participe como presença e, no limite, como poder. Que ela seja, portanto: escolar e extraescolar, pública (municipal, estadual e federal) e alternativamente civil. Bem ou mal, o poder de Estado é responsável pela distribuição do saber escolar e esta foi, não esqueçamos, uma conquista democrática. Outra, mais avançada, mais no horizonte à frente de uma nova luta pela educação democrática, é a progressiva conquista do poder de participação popular na decisão dos modos e destinos de realização de uma educação que o poder público dirige ao povo.

Ao mesmo tempo que é necessária e legítima a ampliação de experiências autônomas e alternativas de uma educação popular realizada entre movimentos populares, movimentos sociais e agências civis de educadores participantes, é também importante a redefinição da educação pública de modo a que, à custa de lutas e conquistas, ela venha a se transformar em uma educação oferecida, pelo poder de Estado, a serviço de interesses e projetos das classes populares. Isto é parte do projeto histórico de um dia toda a educação realizar-se, em uma sociedade plenamente democrática, como uma educação popular.

Por isso mesmo, há hoje em dia uma crescente tendência de articulação de movimentos profissionais (as várias associações de docentes, por exemplo) e movimentos populares, com vistas a somar esforços em favor da conquista imediata e crescente de mais direitos populares à educação escolar pública (como lugar social de trabalho profissional e como lugar profissional de um trabalho social) e de mais deveres populares de participação popular no controle de sua própria educação escolar. Este é o sentido em que se pode pensar a trajetória difícil da passagem de uma educação pública para uma educação popular, em todos os seus modos, em todos os seus níveis.

O TRABALHO DE LIBERTAÇÃO ATRAVÉS DA EDUCAÇÃO POPULAR
(A educação popular como educação das classes populares)

Até aqui estive considerando, leitor, dois sentidos antecedentes e pouco usuais para a educação popular: primeiro enquanto processo geral de reprodução do saber necessária a anterior à divisão social do saber, como educação da comunidade; segundo, como o trabalho político de luta pela democratização do ensino escolar através da escola laica e pública. Considerei também como, na sociedade desigual, o sistema formal de educação produz instruídos e excluídos, e se nutre de repetir como retórica da educação aquilo que nega como prática na escola. Assim, ao lado dos sistemas formais e regulares de ensino escolar, coexistem domínios profissionalizantes de saber de confraria (o ensino que forma o psicanalista em uma sociedade fechada de psicanálise, o que prepara o sacerdote em um convento, um artista em uma "escola livre" de pintura, e o que forma, no trabalho, artesões de madeira, ferro, couro e ouro). Coexistem formas livres, familiares, vicinais, comunitárias de trocas de conhecimentos imersas em outras práticas sociais, como as que vão do trabalho na lavoura aos ofícios de ferro do catolicismo popular. Artifícios múltiplos de educação do povo.

Mas o que dizer de inúmeras expressões que se desdobram a partir de meados dos anos 1940: alfabetização de adultos, alfabetização funcional, educação de adultos, educação fundamental, educação comunitária, educação permanente, educação não formal, educação de base, educação popular?

Alguns anos antes não apenas no Brasil, mas também em outros países do continente, onde processos iniciais de industrialização-urbanização alteraram aspectos relevantes do quadro de relações de classes, houve uma série de iniciativas e acontecimentos que devem ser tomadas como o ponto de partida para as respostas à pergunta acima. Quero começar por ela não tanto para desfiar um fio lógico de uma história recente, mas para discutir uma ideia que me parece muito útil para explicar como relações entre teorias, propostas e práticas de educação que, aparentemente, se sucedem umas às outras, na verdade se transformam, se conflituam e, entre si, concorrem de acordo com interesses, premissas e projetos, não raro extraeducacionais, que os geram e sustentam.

Instituição e movimento

Por volta dos mesmos anos em que se travam os combates nacionais pela escola pública, surgem em alguns pontos do país as primeiras iniciativas em favor da "erradicação do analfabetismo". Algumas são francamente civis, outras, assumidas por governos estaduais. Houve propósitos até mesmo de programas nacionais de alfabetização das populações não suficientemente escolarizadas. Os títulos dados à as agências de alfabetização gratuita traduzem, juntos, uma característica de trabalho emergente, urgente e mobilizado: "Campanha Nacional de Erradicação do Analfabetismo", "Cruzada Nacional de Educação", "Bandeira Paulista de Alfabetização", "Campanha Nacional de Educação de Adultos" (já em 1947). Mais tarde: "Cruzada ABC", "Movimento de Educação de Base" e, hoje, "Movimento Brasileiro de Alfabetização". Campanhas e movimentos cuja simbologia não raro oscilavam entre o espírito da missão religiosa e a ordem rotineira do quartel. Portanto, alguns anos antes do aparecimento da ideia de uma educação de adultos, sucessivos movimentos, campanhas e bandeiras irão tomar a seu cargo a difícil tarefa de pelo menos reduzir muito as altas taxas do analfabetismo doméstico. Os resultados nunca foram animadores.

As conclusões de uma recentíssima Declaração do México, tomada como base para que a Unesco proclamasse em 1981 um "Projeto Principal de Educação na América Latina e no Caribe" não só repetem, muitos anos depois, a evidência da inadequação de tais programas de alfabetização como condenam, para quase toda a América Latina, conclusões conhecidas para o caso brasileiro.

> Durante as duas últimas décadas, nas reuniões regionais de nível ministerial ou de caráter técnico sobre educação, assim como os estudos sobre as relações entre a educação e o desenvolvimento socioeconômico e cultural, tem sido reiterado um mesmo diagnóstico: não obstante o notável crescimento dos sistemas educativos, persistem e se acentuam necessidades fundamentais da população ainda não satisfeitas; do mesmo modo, a eficiência dos sistemas assim como a qualidade e persistência da educação oferecida têm se manifestado insatisfatória frente às necessidades de desenvolvimento dos indivíduos e das sociedades da região (América Latina e Caribe).

A Declaração do México assinalou as seguintes carência de educação que qualificou como graves e que estão em estreita relação com a extrema pobreza em que se encontram vastos setores da população:

– A persistência de uma baixa escolaridade em alguns países.

– A existência de 45 milhões de analfabetos na região, sobre uma população adulta de 159 milhões.

– A excessiva taxa de deserção nos primeiros anos da escolaridade.

– Sistemas e conteúdos de ensino com frequência inadequados para a população a que se destinam.

– Desajustamentos na relação entre trabalho e educação.

– Escassa articulação da educação com o desenvolvimento econômico, social e cultural.

– Em alguns casos, uma deficiente organização e administração dos sistemas educativos. (Unesco, Projeto Principal de Educação na América Latina e no Caribe, p. 4. Grifos do documento).

Tanto a questão da escola pública quanto a da erradicação do analfabetismo foram iniciativas de pessoas eruditas, educadores, políticos e intelectuais de gravata. Pode-se dizer que, depois do trabalho religioso das missões coloniais e após a disseminação de escolas católicas – mais tarde, algumas protestantes – pelo país, aquelas foram as duas ocasiões em que, pela primeira vez, o poder de Estado e seguimentos da sociedade civil estiveram empenhados no que hoje costumamos chamar: educação dos setores populares.

Mas o que a memória erudita que escreve as histórias da educação no Brasil via de regra oculta com cuidado é que esses próprios "setores" viveram momentos importantes de história de sua própria educação. Não falo agora das redes familiares ou comunitárias de reprodução de um saber do povo. Não falo também dos incontáveis centros de ensino em confrarias de trabalho popular. Não falo sequer da participação de grupos de operários e camponeses em lutas locais junto a prefeitos e governadores de estados, pela educação de seus filhos. Falo da criação de escolas para filhos de operários, principalmente no Rio de Janeiro e em São Paulo, fundadas e mantidas por associações dos próprios operários. As escolas partidárias e as experiências de educação escolar entre militantes anarquistas e comunistas, operários de uma indústria emergente, muitos deles imigrantes europeus, são frações de um trabalho político de classe através da educação; através da escola, pensada como o local de formação de uma nova geração de proletários educados segundo os princípios ideológicos de seus grupos partidários de militância. Pequenas escolas mantidas por sindicatos e partidos buscam realizar, durante o tempo em que isto foi possível, uma articulação entre a formação de adultos militantes (educação sindical, partidária etc.) e a socialização de crianças e adolescentes no interior de uma nova escola, diferente da "escola nova" e de outros espaços de ensinar-e-aprender patrocinados pelo poder de um Estado capitalista, a serviço da reprodução da ordem hegemônica do capital. Um anúncio de jornal merece ser transcrito aqui. Ele é um entre os inumeráveis publicados durante as três primeiras décadas do século, e torna evidente um interesse classista por uma educação revolucionária; por uma educação popular sob controle de frações mobilizadas do próprio povo.

Aviso – União dos Operários Estivadores. Trabalhadores! A União dos Operários Estivadores, convencendo-se da necessidade de propagar a instrução e educação entre os trabalhadores, resolveu convidar os conhecidos militantes operários Domingos Passos e Henrique Ferreira, a realizarem duas conferências do dia 5 do corrente (março de 1923) – segunda-feira, às 7 horas da noite em nossa sede. Domingos Passos falará sobre Instrução e Educação, Henrique Ferreira sobre A Mulher e a Emancipação Social. Para esta importante reunião convidamos o povo em geral e particularmente os operários organizados de Paranaguá, a virem acompanhados de suas famílias. Para a Educação, para a Emancipação e para a Instrução devemos arrastar a nossa família; que as nossas irmãs, as nossas companheiras e as nossas filhas saibam como se devam conduzir para serem as educadoras da sociedade futura. (apud Mirian Moreira Leite, "Quem foi Maria Lacerda de Moura?", *Educação e Sociedade*, jan. 1979, p.15).

Documentos oficiais e vários estudos sobre a educação com os setores populares no Brasil enfatizam bastante o trabalho em favor da escola pública e as sucessivas campanhas e movimentos de alfabetização. Nos últimos anos, principalmente sobre a questão do analfabetismo. Para que se tenha uma ideia, apenas a respeito do Movimento de Educação de Base há, entre prontas e em conclusão, cinco pesquisas para teses de mestrado ou doutorado. Há várias outras pesquisas sobre o Mobral, a Campanha "De Pé no Chão Também se Aprende a Ler". Mas apenas nos últimos anos, aqui e ali emerge um interesse pelo conhecimento do que foram as primeiras iniciativas de uma educação popular sob o controle de agências pedagógicas das próprias classes populares. Alguns rumos tomados entre nós, hoje em dia, pela educação popular que nos espera páginas adiante, poderão servir a explicar o porquê disto.

Uma descrição mais detalhada do que seria possível realizar aqui apontaria um fato intrigante e, de meu ponto de vista, fundamental. Ao contrário da lentidão rotineira e da armadura sistêmica e burocratizante em que se move o comboio pesado e confuso da educação escolar seriada, cuja principal característica é existir como uma complexa instituição hierárquica e, portanto, centralizada, os três exemplos de trabalho pedagógico para/com/das classes populares que vimos até aqui, pelo menos em seus momentos pioneiros de existência, tomam a forma e a dinâmica de movimentos. A luta pela escola pública, as sucessivas campanhas pela erradicação do analfabetismo e as experiências de educação de classe entre operários são repertórios de ideias, de propostas e de práticas originadas e conduzidas por movimentos de educação, ou então por setores de movimentos sociais e/ou políticos dedicados à educação, durante as três ou quatro primeiras décadas do século XX.

Apenas alguns anos mais tarde surge em cena um sistema de educação especial dedicados a alunos adultos, que aproveita experiências anteriores, sobretudo no campo da alfabetização, que busca ampliar a duração e a dimensão do trabalho pedagógico e que, finalmente, pouco a pouco, associa a educação de adultos – cujo nome então se consagra – a processos locais ou regionais de desenvolvimento. Patrocinada internacionalmente pela Unesco e, com variações não muito significativas, adotada no continente por governos que vão de frágeis democracias temporárias a regimes autoritários de extrema violência, a educação de adultos trás para o domínio do trabalho escolar a racionalidade de uma época de pós-guerra que descobre o "Terceiro Mundo" e inventa o "desenvolvimento" como a sua solução.

Conferências internacionais de alto nível, realizadas desde a década de 1940, têm sido consideradas como os marcos da revisão do imaginário e do balanço de "metas e realizações" dos programas nacionais e/ou regionais de educação de adultos. Alguns investigadores reconhecem no extensionismo agrícola, na educação agrícola, nas experiências – onde invariavelmente a orquestração dos relatórios oculta sucessões de fracassos reais – de desenvolvimento de comunidades, de educação fundamental e de alfabetização funcional as práticas de origem ou de desdobramento da educação de adultos.

Na realidade, com mais ênfase em um período que se inicia em meados dos anos 1950, diferentes tipos de "trabalhos com comunidades subdesenvolvidas" são postos em marcha. Para efeitos de difusão de ideias e incentivo de iniciativas, a ONU encarregou-se do desenvolvimento de comunidades (às vezes estendido a dimensões mais amplas, como o desenvolvimento regional, ou mais atuais, como o desenvolvimento rural integrado). Coube à Unesco as sucessivas propostas de educação para sujeitos, comunidades e nações, junto a quem programas de educação seriam parte de estratégias de desenvolvimento "a partir da base".

Do ponto de vista individual, as formas sucessivas de uma educação de adultos tinha por objetivo a participação de sujeitos marginalizados em um processo de "desmarginalização". As teorias da marginalidade social estavam então em plena voga. Sujeitos pedagogicamente defasados (sem escola, ou com insuficiência de ensino escolar) e socialmente marginalizados (pobres, subempregados, desnutridos e, mais do tudo, postos consequentemente "à margem" dos processos sociais de "desenvolvimento" e "modernização") seriam reintegrados a uma vida social, ao mesmo tempo digna e produtiva. Se, de um lado, a educação de adultos e o desenvolvimento de comunidades marginalizadas eram um direito e um benefício social, de outro lado eram também um investimento, porquanto pretendiam ser processos sistemáticos e meios participativos de integração de contingentes de pessoas e grupos postos "à margem", no interior do mercado de trabalho, no pleno exercício da cidadania e no desenvolvimento da sociedade.

Durante um período de cerca de 20 anos, do mesmo modo como aconteceu em outros domínios de trabalhos sociais com os setores populares, a educação de adultos passou de uma ênfase na integração de indivíduos na sociedade para uma outra, cujo objetivo era atuar sobre grupos e comunidades que, educados, organizados e motivados, assumissem, em seu nível, "o seu papel no processo de desenvolvimento". Mais tarde uma proposta ingênua de "desenvolvimento local" através de um somatório de melhorias nos locais de indicadores de qualidade de vida (educação, saúde, alimentação, trabalho, habitação e lazer), tendeu a incorporar a proposta de formas moderadas de participação popular em processos de transformação social para o desenvolvimento. De modo muito simplificado, seria possível dizer que a ênfase passou do indivíduo educado "para a vida social" à educação do sujeito para o desenvolvimento da comunidade e, daí, à educação da comunidade através dos seus indivíduos.

Pierre Furter, um educador europeu que viveu vários anos no Brasil, estabelece as seguintes etapas entre os modelos oficiais de educação especial "dirigida aos setores populares": 1) luta contra o analfabetismo; 2) recuperação de carências escolares como uma extensão da alfabetização simples à alfabetização funcional; 3) promoção comunitária da vida social e cultural; 4) formação política para o exercício da cidadania; 5) aperfeiçoamento profissional da força de trabalho; 6) integração da educação em processos de desenvolvimento social e cultural (Pierre Furter, *Educação permanente e desenvolvimento cultural*, pp. 177-198).

Algumas questões fundamentais devem encerrar este entreato que nos deixa, leitor, entre os modelos antecedentes de educação com/das classes populares e a educação popular, no seu sentido mais atual. Primeiro, mesmo no interior de organismos oficiais, e mesmo durante períodos de exercícios autoritário do poder, aqui e ali experiências e projetos efêmeros de educação de adultos aproximaram propostas e vocações de prática àquilo que, em outras esferas, em outros lugares, procuravam-se concretizar como uma educação popular. Segunda, tal como foi concebida e realizada, a educação de adultos teve sempre um limite: o de ser uma expressão apenas compensatória da extensão do saber escolar a populações carentes.

Uma longa citação de um documento da Sudene, preparatório para um encontro entre educadores no Recife, em 1967 (o AI-5 viria no ano seguinte), é um bom exemplo do primeiro ponto.

> Quando a educação é repensada em termos de desenvolvimento, é indispensável que se leve em conta a grande massa de marginalizados. É necessário que essa parte da população seja motivada para que, de modo consciente, integre, participe e assuma o processo de mudança, uma vez que esse mundo adulto é detentor de capacidade de decisão, de esforço de trabalho e pensamento, não solicitados na medida de suas potencialidades.
>
> A Educação de Adultos deve ser formadora de quadros humanos capazes de críticas e de livremente assumirem a responsabilidade da situação e construírem a nova realidade que se desenvolva.
>
> Sendo o processo educativo algo dinâmico e integralizador, não se pode pensar a Educação de Adultos em termos de escolaridade, mas em termos de dinamização das comunidades e integração de todas as atividades com abertura para as mudanças necessárias de um país em desenvolvimento.
>
> O papel da educação é o de propor elementos para que o homem, ao invés de subordinar-se, seja

estimulado a ingressar nesse mundo inovado, redefinindo-o e aos seus papéis; criticando não apenas os seus valores, mas também, os novos valores introduzidos. Caberia, assim, à Educação de Adultos, estar atenta à resposta peculiar de cada comunidade ou subcultura que poderá representar uma solução válida de âmbito local, regional ou mais ampla. Só assim se realizariam novas sínteses, evitando o comportamento massificado. (Sudene; Diretrizes para o Programa de Educação de Adultos, pp. 2-10).

Subordinar a realização do desenvolvimento socioeconômico à realidade das transformações estruturais que deveriam ser a sua base e a sua condição, e conceber uma educação de sujeitos adultos das camadas populares como um meio digno e necessário de condução das mudanças culturais, sociais e políticas desejadas, foram os limites de projetos de educação de adultos no Brasil. Na verdade, na América Latina, esta subordinação resolve-se, na maioria das vezes, menos em desenvolvimento do que em controle. Educação e desenvolvimento ocultam tramas de poder.

Não se trata aqui de um vago poder opressor de um "Estado autoritário", ou "das classes dominantes". Dois séculos anteriores ao nosso assistiram à criação de formas modernas de hospícios, hospitais e prisões. O "senhor" descobriu, com Foucault analisa admiravelmente em *Microfísica do poder*, que, de repente, é mais barato vigiar do que punir. Do mesmo modo, a empresa colonizadora moderna reinventa projetos de "organização e desenvolvimento" para as colônias. Não tanto para que os nativos sejam desenvolvidos, mas para que a sua vida social seja organizada. Para que as possibilidades políticas ou pré-políticas de luta sejam sutilmente substituídas por "esforços" locais de modernização.

Um exame crítico não esconderá o fato de que, no seu todo, não são muito diferentes os objetivos da associação do "Desenvolvimento e Organização de Comunidades" com a "Educação Fundamental", quando ambos os seus derivados são trazidos, pelas mãos dos descendentes do colonizadores, para esta imensa colônia "subdesenvolvida" que, após a Segunda Guerra Mundial, resolveram chamar de "Terceiro Mundo".

Como formas operativas de poder de controle e organização em si mesmos, programas de "desenvolvimento e educação" pretendem, em muitos casos, intervir sobre a totalidade da ordem e da vida do que chamam "comunidades populares", e ocupar ali todos os espaços tradicionais e variantes de articulação de pessoas, grupos e equipes locais.

"Organizar" é a palavra-chave de programas cuja meta aparente é "desenvolver". "Integrar" e "modernizar" são outras palavras. Nomes a que, como nos ritos de feiticeiros, em alguns momentos se atribui um poder quase mágico. Pronunciá-las, escrevê-las ordenadamente em planos de ação, já quase realiza "no campo" o que se imaginou "no projeto".

E o que significa exatamente "organizar"? Significa sobrepor, através do poder institucional de uma agência de mediação, a domínios tradicionais da vida social popular (a família, a parentela, a vizinhança, as equipes de trabalho produtivo ou ritual), formas externas, "modernizadoras" das articulações que regem, justamente, a teia das incontáveis formas de relações entre pessoas, grupos e símbolos da vida social. O programa de desenvolvimento introduz extensões de si mesmo, de sua própria racionalidade e cria: a "comissão de moradores", o "clube de jovens" – ou o "4S" dos projetos de extensão agrícola – o "grupo de mães". Quando realizado em ampla escala um programa de educação e desenvolvimento não esconde a ambição de reordenar todos os domínios da "comunidade". Fazê-lo de tal sorte que coisa alguma escape ao seu controle e se constitua fora do alcance de sua lógica. Duas modalidades de expressão da vida popular são sutilmente marginalizadas: 1) a dos incontáveis atores e produtores de serviços tradicionais de religião, cura ou arte que, justamente por sua resistência à inovação, são substituídos por equivalente mais jovens, "dinâmicos" e, portanto, modernizáveis: o auxiliar de saúde, o líder de comunidade e tantos outros; 2) a dos espaços emergentes de trabalho social e político da comunidade e da classe na comunidade, como as organizações populares de moradores, as comissões autônomas de representação de setores da comunidade, os movimentos populares.

O Clube 4S não apenas desconhece o Movimento de Posseiros, ele existe ativamente contra este e outros movimentos de classe. Que outras razões levam sucessivos governos a incentivar a "promoção social", através de programas de educação e desenvolvimento, em "áreas de 'tensão social'"?

Um momento do que se passou com o "trabalho pastoral" da Igreja Católica ajudaria a compreender diferenças. Poderia ilustrar como, no interior de uma mesma instituição cujo poder de controle se ramifica secular e admiravelmente "no meio do povo", há orientações no mínimo divergentes e, no máximo, francamente antagônicas. Nos mesmos anos 1970, em que alguns setores mais avançados daquilo que mais tarde veio a ser chamado de "igreja popular", procuravam fortalecer, com os seus, os movimentos populares, outros setores resistentemente conservadores, multiplicaram tanto na periferia de grandes cidades quanto pelo interior do país, uma experiência a que se deu o nome de: criatividade comunitária.

Com base em uma rígida leitura da organização da vida social, que dividia toda e qualquer "comunidade" em 14 sistemas – um deles o "da família", outro, o "de educação", outro ainda, o de "segurança" – a criatividade comunitária se propunha reorganizar todos os domínios das relações sociais. Uma perfeita e rotineira sempre mesma organização: 14 sistemas, 14 comissões "locais", centralizadas em uma outra, sutilmente controladora do trabalho de "organização" realizado em cada uma das outras 14, sobre cada um dos domínios da "vida comunitária". Células iguais, onde a imaginação da absoluta uniformidade e do absoluto controle – com uma sempre suposta "participação da comunidade" – reescreveria um modo tradicional de ser e viver. Um modo de ser e agir que, passando por cima de conflitos e problemas que a estrutura das relações sociais multiplica, promoveria, "através do esforço da própria comunidade", a sua "organização" e o seu "desenvolvimento".

Esta experiência fracassada dominou um sem-número de dioceses católicas durante alguns anos. Ela concorreu francamente com as primeiras experiências das comunidades eclesiais de base, que, pelo menos em suas formas mais avançadas – mais libertadoras, dirão os seus participantes –, pretendem realizar-se como um movimento popular e, no limite, pretendem ser um instrumento de fortalecimento dos movimentos de classe.

A meio caminho entre "campanhas de erradicação do analfabetismo", algumas delas recriadas recentemente como formas renovadas de educação não formal; entre experiências agenciadas de formação de mão de obra para o trabalho subalterno em meio urbano ou rural; e entre a necessidade da instrumentalização de agentes locais de desenvolvimento, a educação de adultos não realizou mais do que uma ampliação integradora e modernizante de experiências anteriores. Ao ser apresentada como um modelo de síntese para todo o trabalho educativo com as classes populares, ela fez por desconhecer as iniciativas anteriores de educação de classe. Por outro lado, atualizou sistemas de organização burocrática e estratégias de trabalho pedagógico das campanhas pioneiras de alfabetização. A pequena mas interessante história da evolução da alfabetização simples para a alfabetização funcional e, desta, para a proposta de uma educação fundamental mais demorada no tempo de ensino ao adulto analfabeto e mais complexa, do ponto de vista curricular (ensinos sobre higiene e puericultura, técnicas agrícolas, princípios de cooperativismo, noções de cidadania subalterna etc.), é um bom exemplo do aproveitamento de práticas anteriores, mais espontâneas e autônomas, pouco a pouco incorporadas a amplos programas oficiais de "educação para o desenvolvimento". É um exemplo, também, de um processo que, dentro ou fora da sociedade desigual, gera a trajetória das relações entre movimentos e propostas de educação. Trabalhos de educadores criativos e militantes, surgidos em uma fração da história como movimentos de contestação a uma educação consagrada, e de proposta de novas formas de trabalho pedagógico, ou de trabalho social e político através da educação, tendem muitas vezes a ser posteriormente incorporados às próprias instituições frente a ou contra as quais emergiram um dia. Assim, espaços consagrados de organização sistêmica e rotinizadora do trabalho crítico e criativo da educação vivem momentos efêmeros de avanço e renovação, às custas da incorporação das ideias, propostas e práticas que, domesticadas, podem ser absorvidas com poucos custos e sustos.

Este é um ponto de vista que quero defender aqui com empenho. Parecendo surgir finalmente como uma solução nova de trabalho pedagógico com as "populações marginalizadas", na grande maioria dos casos as agências que tomaram a seu cargo o exercício da educação de adultos nada mais fizeram do que racionalizar, com a retórica técnico-desenvolvimentista da época, experiências autônomas e fragmentadas de educação das classes populares, ou com elas. Este é o processo de trânsito, por mecanismos seletivos de apropriação e expropriação, do movimento para a instituição.

Durante o longo período de difusão da educação de adultos na América Latina: 1) há um intenso trabalho político de movimentos sindicais, sociais e populares, onde uma dimensão educativa é evidente e tende a ser cada vez mais importante; 2) persistem experiências de uma educação dirigida não apenas ao benefício social de camadas populares, mas ao fortalecimento de seus projetos políticos de classe. Na prática do trabalho de campo, tanto quanto nas discussões de seminários nacionais ou internacionais, essas modalidades anteriores e persistentes de educação em estado de movimento são cuidadosamente ignoradas. Como uma prática profissional cuja racionalidade modernizante (nunca se falou tanto em "projetos", "programas", "planejamentos", "rentabilidade", "adequação") busca a eficácia pedagógica que realize metas de educação sem questionar o sentido político de sua própria realização, em muitos países e em vários momentos a educação de adultos realizou-se como um meio de controle da possibilidade de uma educação adulta, isto é: autônoma, crítica e criativa.

O retorno ao movimento: educação permanente e educação popular

Participei em setembro de uma "consulta técnica" preparatória de uma 4ª Conferência Internacional de Educação de Adultos. A consulta foi em Havana e reuniu diferentes profissionais de teoria ou prática de educação. As três conferências internacionais anteriores foram realizadas, uma em Elsinor, na Dinamarca, no ano de 1949, sem a presença de sequer um representante credenciado do então recém-descoberto "Terceiro Mundo"; a segunda em Montreal em 1960 e, então, as questões do Terceiro Mundo dominaram as discussões; a terceira, em 1972, acontecia em Tóquio, pareceu haver tentado um equilíbrio entre a primeira, mais dirigida a questões de formação de mão de obra e recuperação de defasagens escolares, e a segunda, preocupada com questões de educação e desenvolvimento. A quarta Conferência Internacional de Educação de Adultos será certamente realizada em um dos países da América Latina, em 1985.

Ora, um dos documentos apresentados na Consulta Técnica em Cuba listava a trajetória de nomes e projetos continentais de educação "dirigida aos setores populares": extensionismo e educação agrícola, educação fundamental, desenvolvimento da comunidade, educação funcional, educação popular, educação permanente. Ao conceituar, entre outras, o que é a educação popular, o documento traçava algumas diferenças importantes.

> A origem deste amplo movimento tem o seu lugar no processo experimentado por grupos comprometidos com a transformação das estruturas sociais que mantêm as maiorias oprimidas. A crescente consciência da vida real das massas e a compreensão de sua possibilidade de superar o vicioso círculo da miséria e da opressão (oposto ao virtuoso círculo da riqueza) através de ações isoladas e fragmentadas no sistema social forçaram a busca de um novo acercamento dos adultos.
>
> Este ponto de vista é substancialmente diferente dos anteriores (os autores se referem aos nomes e modelos listados por mim na outra página). Desde

uma mesma conceptualização, esta já não provém da Unesco, mas surge de experiências das bases, e na América Latina. Porém, mais importante do que a origem, é a interpretação teórico-social em que ela se fundamenta. As maiorias sociais não se encontram "marginalizadas", mas exploradas e oprimidas. As nações do Terceiro Mundo não são atrasadas e primitivas, senão que dependentes e radicalmente distintas. As soluções não podem ser transportadas e adaptadas dos países industrializados e 'desenvolvidos'. Pelo contrário, esta posição (a da educação popular) aponta para uma profunda fé nas potencialidades e na riqueza das pessoas exploradas, sistematicamente depreciadas. A construção de uma sociedade em que os oprimidos sejam os sujeitos de seu próprio processo liberador é o objetivo global desta busca utópica. (Alfonso Castilho e Pablo Latapi, *Educación no-formal de adultos en América Latina*, pp. 13-14).

Algumas ideias transcritas aqui são o começo de uma conversa sobre um novo sentido da educação popular. Deixemos para mais adiante três ou quatro questões a que será preciso retornar e comecemos, leitor, pela confissão de amplo movimento, que grifei no começo do texto de Alfonso e Pablo.

Ao contrário do que tipologias costumam apontar aqui e ali, a educação popular não é uma variante ou um desdobramento da educação de adultos. Frente a um modelo de origem europeia, internacionalizado como paradigma legítimo de trabalho com as classes populares através da educação e, finalmente, rotinizado como instituição de trabalho pedagógico consagrado, a educação popular emerge como um movimento de trabalho político com as classes populares através da educação. Diante de um modelo oficial de educação compensatória, a educação popular não se propõe originalmente como uma forma "mais avançada" de realizar a mesma coisa. Ela pretende ser uma retotalização de todo o projeto educativo, desde um ponto de vista popular.

Retornemos alguns passos atrás e busquemos o momento em que afirmei que uma das características da educação de adultos é o seu caráter compensatório. Alguns educadores dirão: a sua estranha vocação de afirmar-se através do que a nega. Dois depoimentos:

> Em vez de dizer o que a educação de adultos é, procuramos defini-la pelo que não é. Assim, falamos muitas vezes de educação a-sistemática, não formal, extraescolar, de 'out-school education' etc. (Pierre Furter, *Educação permanete e desenvolvimento*, p. 177, grifos do autor).

> Agora, na escala axiológica da sociedade capitalista, a educação não formal é menos do que a educação formal, posto que a primeira é concebida

como 'complementar de', 'supletiva de', já que não tem valor em si mesma; pelo contrário, o saber que se lhe reconhece radica em que ela capacita, ou seja, em que é instrução e, não, educação. Em contrapartida, a educação formal 'vale' por si, porque prepara o homem integral, o cidadão. (Carlos Calvo, *Educación formal y procesos educativos informales*, p. 1).

Esta evidência tantas vezes reconhecida, que faz da educação de adultos e suas formas derivadas uma prática social ao mesmo tempo especial e compensatória (complementar de, suplementar a, supletiva), é a própria condição de sua existência. "Especial" não equivale, aqui, a ser diferente por ser especializada (como a educação musical, ou a educação de deficientes físicos), mas a ser diversa por ser residual.

Ao institucionalizar e tornar oficiais agências, propostas, metodologias de trabalho e práticas pedagógicas como tipos específicos de educação, oferecidas aos excluídos prematuros da escola – o lugar onde se realiza "a educação" –, a educação de adultos se define como aquilo que, existindo entre sujeitos à margem do sistema escolar e regular da educação, existe para suprir emergencialmente carências de homens e mulheres carentes do povo. Sujeitos, famílias, grupos e comunidades a quem a privação de condições de pleno acesso aos benefícios sociais regulares obriga a procura de agências especiais de serviços compensatórios. Seus exemplos: a Legião Brasileira de Assistência, a Febem, a Saúde Pública e o Mobral.

Ao lidar com um menos social, a educação de adultos termina por converte-se em um sinal negativo daquilo que, por oposição a ela, é a educação. Excluídos da escola e defasados do saber escolar, na verdade que a retórica dos discursos oficiais oculta com cuidado, sujeitos das classes populares são para não serem educados regularmente. Vimos por que, mas é bom relembrar. Na ordem de trocas e poderes da sociedade desigual, uma igualdade de acessos e carreiras à/da educação compromete a necessidade política e econômica da desigualdade estrutural de participação na vida social, nos diferentes domínios do poder e nas diversas alternativas de relações entre o capital e o trabalho. À Margem da educação seriada (formal, escolar, regular), que diferencialmente "forma" senhores, mediadores e trabalhadores, a educação de adultos não pode realizar-se plenamente como um tipo especial de docência adequada dirigida a sujeitos como os operários, os camponeses e os índios. Não pode recuperá-los plenamente e fazê-los como os outros, os "que estudaram". O mesmo sistema que constitui na educação a estrutura da desigualdade, institui como uma educação especial a compensação dedicada àqueles a quem o sistema tornou carentes e, portanto, candidatos a uma educação corretiva. A um estágio tardio e apressado, que apenas ressocializa pessoas adultas não escolarizadas, de modo a convertê-las em cidadãos educados, no nível e segundo o estilo em que subalternos devem ser "educados". A educação de adultos tem sido uma das práticas sociais onde com mais insistência o exercício do trabalho "junto ao povo" menos realiza objetivos teoricamente propostos. Compensatória e ineficaz, ela não forma, não prepara e, muito menos, não transforma aqueles que, excluídos dos antes da escola, são excluídos, através da educação de adultos, de serem um dia educados. Ela não é precária e compensatória porque lhe faltam recursos; mas, porque precisa ser apenas precária e compensatória, vive de não ter recursos. Não nos iludamos, a sua falta é a sua suficiência.

Esta é uma entre outras razões pelas quais alguns educadores preferem reconhecer, aí, a principal diferença entre dois modelos cuja oposição, enquanto projeto histórico através do trabalho pedagógico, separa a educação de adultos da educação popular. A principal diferença não está na cadeia de atributos opostos aos pares entre uma e outra: educação dominante X educação libertadora; pedagogia opressora X pedagogia do oprimido; educação alienadora X educação conscientizadora, e assim por diante. A diferença está, em primeiro lugar, na origem de poder e no projeto político que submete a agência, o programa e a prática de um tipo específico de educação dirigida às classes populares. Está, em segundo lugar, no modo como um modelo de trabalho do educador se pensa a si mesmo como um projeto de educação, no sentido mais pleno que estas palavras podem receber. Deixo algumas destas questões aos vários livros e artigos que qualificam atributos de uma e outra, para considerar aqui aqueles que têm sido tão pouco levados em conta.

Por volta dos anos 1960 e atravessando toda uma década que, no Brasil, foi subordinada a um regime político autoritário, dois modelos de educação dirigida preferencialmente às classes populares emergem como movimentos ativos de crítica a todo o sistema educativo vigente e, em especial, às formas derivadas da educação de adultos. Acentuo este aspecto para fazer frente, é preciso repetir, a uma falsa imagem de que um e outro são desdobramentos naturais de algumas das formas da educação de adultos.

Enquanto, sobretudo através de amplos programas de vinculação governamental, a educação de adultos desdobrava experiências compensatórias de reciclagem do saber escolar de adultos carentes, a educação popular e, depois, a educação permanente surgem como projetos de re-significação política, social e pedagógica de toda a educação. No caso anterior da educação popular, aos poucos tal projeto tende a definir-se como um trabalho pedagógico retotalizador de todo o sistema da educação desde o ponto de vista das classes populares e a serviço de seu trabalho simbólico e político de transformação da ordem social dominante. No caso da educação permanente que, à diferença da educação popular, é ainda um projeto europeu, a proposta de retotalização da educação parte de premissas de universalização dos direitos ao saber e de realização plena de todos os homens, através também da educação. Comecemos por ela.

Pierre Furter foi na América Latina o principal difusor da educação permanente. Ele viveu no Nordeste do Brasil ao tempo em que Paulo Freire e sua equipe da Universidade Federal de Pernambuco e, depois, do Movimento de Cultura Popular do Recife ensaiavam as primeiras ideias de uma educação libertadora. Em sua curta história no continente, ele reconhece três etapas sucessivas na educação permanente: 1) como processo contínuo de desenvolvimento individual; 2) como princípio gerador de um sistema global de educação; 3) como ampla e duradoura estratégia cultural em um processo de desenvolvimento integral. Notemos bem, é na passagem da 2ª para a 3ª etapa que a educação permanente pretende re-significar, primeiro, a própria dimensão do lugar e do sentido da educação na vida do sujeito e na vida da cultura. É na proposta da 3ª etapa que ela se propõe como ponto focal da criação de uma nova cultura.

"Permanente" não se opõe aqui à qualidade de emergência provisória das variantes da educação de adultos. Opõe-se a se fazer um projeto supletivo, à margem da educação cuja estrutura cria a necessidade da prática compensatória da educação de adultos. Para ser permanente a educação precisa ser permanentemente universalizante, aberta, absolutamente democrática, e precisa se constituir como um domínio do saber que, muito mais amplo do que a escola e o sistema escolar, acaba sendo o da própria cultura pensada como educação. Portanto, ao contrário das variantes tradicionais da educação de adultos institucionalizada, o movimento de educação permanente pretende abarcar todos os níveis da educação, todas as suas dimensões e, consequentemente, todos os seus modos e espaços de trocas de saber.

> A educação permanente não se limita à educação de adultos, mas ela compreende e unifica todas as etapas da educação pré-primária, primária, secundária etc. Ela se esforça, então, por considerar a educação na sua totalidade... A educação permanente compreende simultaneamente as modalidades formais e não formais. Ela engloba a aprendizagem planificada bem como a acidental. (Bertrand Schwartz, no livro de Moacyr Gadotti: *L'Education contre l'Education*, pp. 51-52).

Alheios à questão da reprodução da desigualdade no interior do sistema capitalista, e também ao papel que historicamente a educação cumpre aí, projetos de educação permanente não somente utopizavam a possibilidade de toda a vida social reorientar-se enquanto um trabalho educativo plenamente humanizador, como também imaginavam a possibilidade de universalização de um novo homem, de uma nova cultura e de um mundo novo através do poder humanizador de uma educação que envolvesse a todos, todo o tempo. Estamos de volta aos tempos de ouro do "otimismo pedagógico".

A educação permanente pode ser entendida como um sistema aberto, que utiliza toda a potencialidade da escola e da sociedade para produzir os valores, conhecimentos e técnicas que servem de base à práxis humana em toda a sua plenitude." (Demerval Trigueiro, "Um Novo Mundo, Uma Nova Educação", artigo da *Revista Brasileira de Estudos Pedagógicos*, jan-mar 1969, p. 15).

Tal como foi proposta, muito mais como apenas um movimento pedagógico de intelectuais humanistas, nenhum programa de educação permanente realizou-se na América Latina. Provavelmente também não no Canadá, outro forte foco de interesse por ela, e nem na Europa. De um movimento que produziu apenas ideias, restaram princípios de realização utópica de uma educação humanista. Princípios que hoje em dia alguns programas de educação de adultos incorporaram como seus, como a ideia de um trabalho pedagógico contínuo, que permanentemente recicle o educando em um mundo em constante mudança, de tal modo que a educação se converta no principal agente cultural da adequação do sujeito ao seu ambiente.

Uma primeira experiência de educação com as classes populares a que se deu sucessivamente o nome de educação de base (no MEB, por exemplo), de educação libertadora, ou mais tarde de educação popular surge no Brasil no começo da década de 1960. Surge no interior de grupos e movimentos da sociedade civil, alguns deles associados a setores de governos municipais, estaduais, ou da federação. Surge como um movimento de educadores, que trazem, para o seu âmbito de trabalho profissional e militante, teorias e práticas do que então se chamou cultura popular, e se considerou como uma base simbólico-ideológica de processos políticos de organização e mobilização de setores das classes populares, para uma luta de classes dirigida à transformação da ordem social, política, econômica e cultural vigentes.

Retenhamos esta ideia, leitor. O lugar estratégico que funda a educação popular é o dos movimentos e centros de cultura popular: movimentos de cultura popular, centros populares de cultura, movimentos de educação de base, ação popular. Mesmo quando realizado em serviços de extensão de universidades federais (como a de Pernambuco, onde Paulo Freire começou a descobrir-se em seu método de alfabetização), em setores do Ministério da Educação (desde onde seria desencadeada a Campanha Nacional de

Alfabetização), ou em agências criadas por convênios entre a Igreja Católica e o Governo Federal (como o Movimento de Educação de Base), o que tornou historicamente possível a emergência da educação popular foi a conjunção entre períodos de governos populistas, a produção acelerada de uma intelectualidade estudantil, universitária, religiosa e partidariamente militante, e a conquista de espaços de novas formas de organização das classes populares.

A partir de uma crítica feita ao sistema vigente de educação (ver isto em *Educação como prática da liberdade*, de Paulo Freire) e, especialmente, das formas tradicionais de educação de adultos e de trabalhos agenciados de desenvolvimento de comunidades e suas variantes, a educação popular: 1) constitui passo a passo ("aos tropeços", dirão os seus críticos) uma nova teoria, não apenas de educação, mas das relações que, considerando-a a partir da cultura, estabelecem novas articulações entre a sua prática e um trabalho político progressivamente popular das trocas entre o homem e a sociedade, e de condições de transformação das estruturas opressoras desta pelo trabalho libertador daquele; 2) pretende fundar não apenas um novo método de trabalho "com o povo" através da educação, mas toda uma nova educação libertadora, através do trabalho do/com o povo sobre ela – este é o sentido em que a educação popular projeta transformar todo o sistema de educação, em todos os seus níveis, como uma educação popular; 3) define a educação como instrumento político de conscientização e politização, através da construção de um novo saber, ao invés de ser apenas um meio de transferência seletiva, a sujeitos e grupos populares, de um "saber dominante" de efeito "ajustador" à ordem vigente – este é o sentido em que ela se propõe como uma ampla ação cultural para a liberdade a partir da prática pedagógica no momento de encontro entre educadores-educandos e educandos-educadores; 4) afasta-se de ser tão somente uma atividade "de sala de aula", de "escolarização popular", e busca alternativas de realizar-se em todas as situações de práticas críticas e criativas entre agentes educadores "comprometidos" e sujeitos populares "organizados", ou em processo de organização de classe; 5) procura perder, aos poucos (o que nem sempre consegue), uma característica original de ser um movimento de educadores e militantes eruditos destinado a "trabalhar com o povo", para ser um trabalho político sem projeto próprio e diretor de ações pedagógicas sobre o povo, mas a serviço dos seus projetos de classe. Este é o sentido em que há, hoje em dia, um consenso de que a missão do educador popular é participar do trabalho de produção e reprodução de um saber popular, aportando a ele, ao longo do trabalho social e/ou político de classe, a sua contribuição específica de educador: o seu saber erudito (o da ciência em que se profissionalizou, por exemplo) em função das necessidades e em adequação com as possibilidades de incorporação dele às práticas e à construção de um saber popular.

O que justifica a Educação Popular é o fato de que o povo, no processo de luta pela transformação popular, social, precisa elaborar o seu próprio saber... Estamos em presença de atividades de educação popular quando, independentemente do nome que levem, se está vinculando a aquisição de uma saber (que pode ser muito particular ou específico) com um projeto social transformador. A educação é popular quando, enfrentando a distribuição desigual de saberes, incorpora um saber como ferramenta de libertação nas mãos do povo. Pelo que foi exposto antes, o fato é que se a educação popular pode ser entendida como uma atividade específica (não é toda ação assistencial, de trabalho social ou de política educativa) ela, por outro lado, não requer ser realizada no interior do sistema educativo formal, separada do conjunto de práticas sociais dos indivíduos. Muito ao contrário, a educação popular vem sendo desenvolvida no interior de práticas sociais e políticas e é aí precisamente onde podem residir a sua força e a sua incidência. ("La educación popular hoy en Chile: Elementos para definirla", ECO, Educación y Solidariedad – sem indicação de autor, p. 9).

Uma questão muito importante desde os momentos

de origem daquilo que, aos tateios, viria a ser a educação popular, não existe explícita logo de saída. É preciso não esquecer que tudo se passa, durante poucos anos dos começos dos anos 1960, ao longo de algumas experiências, e explica, por exemplo, a passagem do "de base" da educação de base do MEB, como os fundamentos dos saberes domésticos e agrícolas da vida do povo, para aquilo que é "básico" em sua dimensão histórica de sujeito político. E explica, também, todo o caminho que vai de uma vaga educação liberadora, em *Educação como prática da liberdade*, para a pedagogia do oprimido, em Paulo Freire.

Primeiro um novo paradigma de educação se volta contra a educação. Depois ele se volta contra as condições sociais da sociedade desigual. Mais adiante ele se afirma como a possibilidade de a educação ser um instrumento que opera no domínio do conhecimento a serviço do processo de passagem do povo, de sujeito econômico a sujeito político, capaz de transformar relações sociais de que as da educação são apenas um símbolo, uma artimanha e uma dimensão.

Já nos primeiros escritos de Paulo Freire, a educação popular, uma forma de "prática cultural para a liberdade", deveria transformar todo o sistema e toda a lógica simbólica da educação tradicional. Trabalhos como os de alfabetização e pósalfabetização seriam apenas um de seus momentos. Assim, um movimento revolucionário de educadores surgia contra a educação institucionalizada e constituída oficialmente, seja como sistema escolar seriado, seja como educação não formal de adultos. Emergia como proposta de re-escrever a prática pedagógica do ato de ensinar-e-aprender, e surgia para repensar o sentido político do lugar da educação.

Não é apenas em uma sociedade transformada que se cria uma nova cultura e um novo homem. É ao longo do processo coletivo de transformá-la através do qual as classes populares se educam com a sua própria prática, e consolidam o seu saber com o aporte da educação popular. Pela primeira vez surge a proposta de uma educação que é popular não porque o seu trabalho se dirige a operários e camponeses excluídos prematuramente da escola seriada, mas porque o que ela "ensina" vincula-se organicamente com a possibilidade de criação de um saber popular, através da conquista de uma educação de classe, instrumento de uma nova hegemonia.

Ora, a possibilidade concreta de produção de uma nova hegemonia popular no interior da sociedade classista é o horizonte da educação popular, do mesmo modo como é aquilo que uma educação tradicional de adultos quer evitar. A possibilidade (a utopia? o projeto histórico realizável?) de que, por efeito também da acumulação de um poder de classe, através da organicidade progressiva das práticas dos movimentos populares e do fortalecimento consequente do seu saber popular, venha a realizar-se uma transformação da ordem social dominante, em um mundo solidário de igualdade e justiça, é o horizonte que se avista do horizonte da educação popular.

Por tudo isto, oposta a ser um desdobramento apenas irrequieto da educação de adultos, a educação popular é o seu momento de ruptura. Uma história "universal", burocrática e oficialmente consagradora de uma, versus uma história latino-americana de interrupções de projetos e movimentos, de prisões e exílios, de perseguições sistemáticas e de proclamações da ilegitimidade da outra, possivelmente será a melhor imagem das diferenças de que falo aqui.

Em suas formas mais consequentes, que hoje se recobrem de inúmeras iniciativas em todo o continente, a educação popular apenas gera um primeiro momento de passagem de uma educação para o povo a uma educação que o povo cria. Que ele produz ao transitar – não porque se educa entre educadores, mas porque inclui a educação popular no trabalho político que educa a ambos – de sujeito econômico a sujeito político, e ao se reapropriar – tanto tempo depois, tantas histórias depois – de uma educação para fazê-la ser, pouco a pouco, a sua educação: a educação através da qual ele não se veja apenas como um anônimo sujeito da cultura brasileira, mas como um sujeito coletivo da transformação da história e da cultura do país.

Os seus pontos atuais de partida? 1) a criação de uma

nova hegemonia, o que significa um saber popular, no sentido de saber das classes populares que se constitua como base de um trabalho de acumulação de poder popular; 2) a cultura popular como ponto de partida, com um trabalho de revisão de seus componentes tradicionalmente "dominados" e em direção à produção de uma cultura orgânica de classe; 3) a progressiva participação do trabalho do educador no trânsito de sujeitos populares, de agentes econômicos para agentes políticos; 4) a descoberta e o aprimoramento de tipos de relações de prática pedagógica entre educadores e educandos, entre profissionais comprometidos com a "causa popular" e agentes educandos individuais (sujeitos populares) ou coletivos (movimentos populares). (Ideias de Juan Eduardo Garcia Huidobro e Sergio Martinic, em "Educación popular en Chile: Algunas proposiciones básicas", ECO, Educación y Solidariedad, abril 1983, p. 24.)

Depois de alguns anos de tropeços, recuos e atropelos, alguns princípios ficaram claros. A educação popular é a negação da negação. Não é um "método conscientizador", mas é um trabalho sobre a cultura que faz da consciência de classe um indicador de direções. É a negação de uma educação dirigida "aos setores menos favorecidos da sociedade" ser uma forma compensatória de tornar legítima e reciclada a necessidade política de preservar pessoas, famílias, grupos, comunidades e movimentos populares fora do alcance de uma verdadeira educação. Ela procura ser, portanto, não a afirmação da possibilidade de emergência de uma nova educação "para o povo" – o que importaria a reprodução legitimada de "duas educações" paralelas, condição da desigualdade consagrada – mas a da necessidade da utopia de transformação de todo o projeto educativo a partir do ponto de vista e do trabalho de classe das classes populares.

Negando realizar-se apenas como trabalho escolar (aquilo que começa na alfabetização e termina em um supletivo, ou em um curso eficaz de "qualificação" de mão de obra), a educação popular é mais um modo de presença assessora e participante do educador comprometido, do que um projeto próprio de educadores a ser realizado sobre pessoas e comunidades populares. Ela se realiza em todas as situações onde, a partir da reflexão sobre a prática de movimentos sociais e movimentos populares (as "escolas" onde tem sentido uma educação popular "ensinar"), as pessoas trocam experiências, recebem informações, criticam ações e situações, aprendem e se instrumentalizam. A educação popular não é uma atividade pedagógica para, mas um trabalho coletivo em si mesmo, ou seja, é o momento em que a vivência do saber compartido cria a experiência do poder compartilhado.

Em outras palavras, as práticas da educação

popular representam desde já a vontade de criar espaços autônomos, espaços nos quais o manejo do poder se realize em forma compartida, dentro de uma crescente relação entre iguais. Nesta perspectiva as opções metodológicas adquirem relevância especial... A busca de formas educativas de caráter participativo, de reflexão coletiva da prática dos próprios atores, do desenvolvimento de relações de solidariedade entre os membros, a superação dos dogmatismos e preconceitos etc., constituem opções-chave neste sentido. ("La educación popular hoy en Chile: Elementos para definirla", p. 13).

Ao existir dentro e além de situações formais de ensinare-aprender (como o que acontece em um curso de alfabetização entre seringueiros no Acre), a educação popular é uma entre outras práticas sociais cuja especificidade é lidar com o saber, com o conhecimento. Com relações de intercâmbio de saberes entre educadores eruditos e sujeitos populares, não através do "saber em si", mas através da prática de classe que o torna, finalmente, mais do que um saber necessário, aquilo a que pode ser dado o nome de um saber orgânico. Este trabalho existe no interior de uma associação de moradores de um bairro de periferia, em um movimento de trabalhadores rurais do interior de Goiás, em uma comunidade eclesial de base, em um grupo de mulheres em luta pela conquista de escola para o seu bairro. Por isso mesmo, à diferença de um programa especial de alfabetização – parte de um projeto de educação de adultos – que tem turmas, discursos de formatura, começo, meio e fim definidos antecedentemente, a educação popular é um fim em si mesma. É uma prática de pensar a prática e é uma das situações variadamente estruturadas de produção de um conhecimento coletivo popular, mesmo que ninguém saia alfabetizado dela.

Esta é a razão pela qual se pode pensar a educação popular como um trabalho coletivo e organizado do próprio povo, a que o educador é chamado a participar para contribuir, com o aporte de seu conhecimento "a serviço" de um trabalho político que atua especificamente no domínio do conhecimento popular.

Retomemos alguns passos. Não parece ser importante, hoje, definir o que é a educação popular. Oposta à instituição consagrada e resistente a deixar de existir em estado de movimento, ela reluta a tornar-se definível e, sobretudo, uniforme. A educação popular é, hoje, a possibilidade da prática regida pela diferença, desde que a sua razão tenha uma mesma direção: o fortalecimento do poder popular, através da construção de um saber de classe. Portanto, mais importante do que pretender defini-la, fixar a verdade de seu ser, é descobrir onde ele se realiza e apontar as tendências através das quais ela transforma a educação na vivência da educação popular.

Como outras tantas – os médicos militantes falam em medicina comunitária e os setores avançados da Igreja falam em pastoral popular – a educação popular é uma prática social. Melhor, é um domínio de convergência de práticas sociais que têm a ver, especificamente, com a questão do conhecimento. Com a questão da possibilidade da construção de um saber popular. Da apropriação, pelas classes populares, do seu próprio saber. Aquilo que é a fala e a lógica que traduzem a passagem de sujeitos e classes econômicos, para sujeitos e classes políticos.

Três tendências sucessivas podem ser reconhecidas: 1) a educação popular é, em si mesma, um movimento de trabalho pedagógico que se dirige ao povo como um instrumento de conscientização etc.; 2) a educação popular realiza-se como um trabalho pedagógico de convergência entre educadores e movimentos populares, detendo estes últimos a razão da prática e, os primeiros, uma prática de serviço, sem sentido em si mesma; 3) a educação popular é aquela que o próprio povo realiza, quando pensa o seu trabalho político – em qualquer nível ou modo em que ele seja realizado, de um grupo de mulheres a uma frente armada de luta – e constrói o seu próprio conhecimento. Neste último caso, a educação popular realiza-se independentemente da presença do educador erudito. Ele pode participar aportando, com o seu conhecimento, informações e interpretações que, a partir dos seus problemas colocados pelas e nas situações de trabalho popular, explicitam e fortalecem o saber popular.

O CAMPO PEDAGÓGICO DO TRABALHO POLÍTICO DO EDUCADOR COM AS CLASSES POPULARES

Com a desculpa de que algumas questões e recomendações importantes sobre a educação popular existem em livros e artigos que são muitos e, alguns, muito bons, quero terminar estas reflexões meditando sobre relações entre modelos de educações dirigidos às classes populares que nem sempre têm recebido a atenção que merecem. Deixo aqui uma pequena enumeração de ideias que um dia precisarão ser desenvolvidas. Mas esta será então, leitor, uma outra história que caminharemos juntos.

É muito estranho, ou é muito natural, mas quase sempre as pessoas que estudam formas de "educação dirigidas aos setores populares" costumam estabelecer tipologias de três modelos. Ou isso é assim porque assim é de verdade; ou é porque "três" parece sempre alguma coisa "dialética"; ou, finalmente, o é porque, como costuma dizer um amigo meu do Rio de Janeiro, "quando você não sabe como começar um assunto, diga que ele se divide em três partes, porque tudo no mundo pode se dividir em três". Alguns exemplos: Michael Seguier classifica modelos atuais de educação em: tendência normalizadora, tendência espontânea (de que a contracultura é o melhor exemplo) e tendência dialética (*Crítica institucional e criatividade coletiva*, p. 21). Por seu turno, o educador chileno Francisco Vio Grossi reconhece três enfoques: o culturalista, o tecnocrático e o da educação popular (*Investigación en educación de adultos en América Latina*, p. 18). Alfonso Lizarzaburu, peruano, estabelece três paradigmas de educação: como formação de recursos humanos, como participação e como educação popular (*La formación de promotores de base en procesos de alfabetización*, p. 36). Luís Eduardo Wanderley, brasileiro, distingue três orientações em projetos de educação com o povo: orientação da integração, orientação nacional-populista, orientação de libertação (*Apontamentos sobre educação popular*, pp. 71-73). Muitos outros exemplos poderiam ser reunidos a estes.

Um olhar vagaroso saberia ver que a insistência em trilogias de modelos atuais amplia a oposição que um dia

Paulo Freire realizou entre a educação bancária e a educação libertadora, ou aquela que, tal como fiz aqui, apenas para separar campos e intenções, coloca de um lado as formas tradicionais de educação de adultos e, de outro, as formas emergentes de educação popular. Esta ampliação responde à necessidade de encontrar um lugar para uma sempre terceira alternativa, entre o trabalho do "inimigo" e o do "aliado". A isto alguns educadores têm dado o nome de educação participante. Palavras não faltam...

Existe uma realidade que classificações tipológicas de modelos de educação resistem a ver. Tal como são escritas, elas sugerem que, ao longo de uma história recente, paradigmas de práticas pedagógicas se sucedem no tempo, umas às outras, ou então sugerem que, em um mesmo período, coexistem como projetos próximos ou divergentes. No entanto, modelos educativos são produtos de grupos sociais e, assim, são campos simbólicos e políticos de poder do saber. Eles são constituídos contra, emergem para ocupar espaços, realizam práticas que reforçam umas e destroem outras, disseminam ideias que são a negação de ideias antecedentes, produzem efeitos, transformam-se (a leitura atenta da história do Movimento de Educação de Base é, neste sentido, muito relevante), estabelecem alianças, produzem conflitos, desaparecem, às vezes ressurgem.

Em um primeiro momento, um modelo de educação "com o povo" pode ser um movimento emergente e contestador. Em um outro momento pode substituir, como uma forma de poder no interior de um campo político de trabalho pedagógico, formas e instituições anteriores, tornando-se ele próprio uma nova forma hegemônica de instituição consagrada. Novas formas surgirão no bojo de novos movimentos e a instituição que um dia foi movimento usará de seu poder de "modelo legítimo" para ilegitimar quem a conteste. Coloquemos, uma a uma, estas ideias finais em ordem.

1) A história da educação dirigida às classes populares na América Latina não é linear. Formas, modelos e agências de produção e execução de ideias, propostas metodológicas e práticas não se sucedem ordenada e sistematicamente (uma delas para depois de cada "Conferência Internacional"). Ao contrário, a possibilidade de variações em um campo político de relações educativas está sempre aberta, mesmo sob regimes autoritários. A um mesmo momento, em uma mesma formação social, modelos supostamente ultrapassados de educação coexistem com modelos hegemônicos (a última palavra de um "Ministério de Educação") e com modelos emergentes. Antigas "campanhas de alfabetização do começo do século" podem a todo o momento reaparecer sob novos nomes e com a racionalidade da moda. Podem coexistir com formas mais lentas e complexas de educação de adultos e com várias pequenas "experiências de educação popular".

2) Assim, ao contrário do que parece acontecer, a dinâmica das relações entre diferentes modelos não se dá através da superação pura e simples de alguns em favor de outros, ou através da produção de uma nova hegemonia educativa. A regra é a coexistência de modelos tradicionais, hegemônicos e emergentes. Esta coexistência e as regras de seus relacionamentos sociais e simbólicos são o que produz a dinâmica do campo de trabalho do educador popular, além daquilo que acontece de politicamente relevante, fora de seu domínio específico de trabalho, mas com repercussões diretas sobre ele.

3) Portanto, o trabalho pedagógico agenciado junto às camadas populares existe em um campo de relações que não difere do de outras práticas equivalentes (saúde, religião, bem-estar social etc.). Determinado por fatores políticos, econômicos, sociais e culturais, este campo de trabalho de diferentes tipos de agências e educadores diferencia formas e princípios sociais de articulação dos seus elementos. Diferentes agências concorrentes ou aliadas trazem para a educação do povo diferenças de intenções, ideias e projetos, que implicam formas de controle, promoção ou mobilização de grupos populares para fins diferentes, não raro francamente antagônicos. Ao mesmo tempo, em uma mesma periferia operária, agências do governo federal, da Secretária estadual de Educação, do município, de um setor da Igreja Católica, de um núcleo local do PT, de uma

fração de estudantes universitários, de uma associação de moradores ou de um grupo de oposição sindical podem estar realizando trabalhos que, dentro ou fora da sala de aula, têm a ver com relações de saber, ou com relações de poder através do saber. Ocupando espaços sociais, estas agências: estabelecem articulações com outras agências de práticas equivalentes, em outros domínios; aliam-se entre si e contra outras; concorrem pela hegemonia local da sua prática ou, pelo menos, pela reserva de um espaço legítimo junto ao de outras.

Assim, se é possível dizer com Gramsci que cada modalidade de agência de serviços de educação aspira realizar, como trabalho ideológico, o projeto político de sua fonte de origem, é possível lembrar com Weber que um outro interesse de cada uma delas é ocupar e tornar legítimo o seu espaço e o seu estilo de ação pedagógica, não raro independentemente dos efeitos e benefícios que venha a produzir junto à população com quem trabalha.

4) Neste sentido, uma evidente carência de resultados efetivos nas atividades como as de extensão agrícola, de desenvolvimento rural integrado e de educação de adultos permite supor que, pelo menos em alguns casos, elas apenas cumprem uma função de ocupar espaços junto a setores das classes populares onde, mesmo que não produzam resultados educativos relevantes, concorrem com experiências alternativas de educação popular. Não é difícil

verificar isto em áreas de "tensão social", onde agências patronais ou oficiais multiplicam esforços para "organizar a comunidade", contra iniciativas de mobilização política de setores das classes populares na comunidade. O poder de cooptar pessoas e grupos e reorganizá-los segundo os padrões da agência de educação é um dos principais indicadores da diferença entre uma ação pedagógica hegemônica e um trabalho de educação popular. Enquanto a intenção de uma é criar as suas próprias unidades locais de "organização", segundo os moldes do seu "programa de educação", o que serva basicamente a assegurar a sua legitimidade "nas bases populares", o objetivo da educação popular deve ser o de fortalecer as próprias organizações locais e populares de poder de classe na comunidade.

Aqui é preciso, leitor, reforçar ideias enunciadas páginas atrás. Uma das tendências mais acentuadas dos programas tradicionais de educação de adultos é a chamada geral à participação comunitária. Esta participação – palavra-chave – quase sempre implica a aparência de um poder decisório de representantes populares em momentos secundários de um trabalho de mediação, cujas pautas e metas são antecedentemente traçadas e, não raro, estão fora do controle até mesmo dos técnicos intermediários do programa. Em contrapartida, ainda que isto nem sempre se realize plenamente, a principal tendência da prática da educação popular, hoje, está na passagem de um modelo emergente de educação com ponto de referência em si mesmo, para uma prática cujo ponto de referência são os grupos populares, os movimentos sociais da comunidade, os movimentos populares de classe na comunidade.

Usando com frequência as mesmas palavras e sugerindo em aparências as mesmas metas, programas de educação de adultos têm o seu princípio operacional na pessoa do sujeito subalterno e têm o seu fim operacional nos grupos e organizações que ela gera na comunidade. De outra parte, programas de educação popular possuem o seu princípio operacional nas unidades populares de representação da vida comunitária e do trabalho político de classe na comunidade e têm o seu fim operacional na ampliação do poder de tais unidades de trabalho popular. Este é um dos pontos fundamentais da disjunção entre um modelo e o outro. Enquanto para as variantes da educação de adultos o sentido do trabalho pedagógico é reverter o trabalho político do movimento popular em trabalho social de unidade local, para as variantes da educação popular o sentido do trabalho pedagógico é converter o trabalho social da comunidade em movimento orgânico de dimensão política. O movimento popular tende a ser a razão e a dinâmica da educação popular, enquanto tende a ser a tensão e o dilema da educação de adultos.

5) No limite, o que dá sentido humano à educação popular é a possibilidade de ela não só ser um meio real

de compromisso de educadores (quase sempre "de classe média", é bom não esquecer) com um projeto histórico de humanização libertadora através do trabalho político do povo, mas também reproduzir-se, por isso mesmo, como um movimento pedagógico. Como um modo de a educação realizar-se sem se estabelecer como instituição dominante, no domínio em que a educação é, em si mesma, uma forma de poder. Por isso mesmo, arrisquei dizer algumas páginas atrás que, mais do que um programa com metas prefixadas, métodos de comprovada eficiência, sistemas importados de avaliação e relatórios notáveis de fim-de-período, a educação popular aspira a ser, da parte dos educadores comprometidos, uma presença militante, onde não raro a forma mais consequente de trabalhar é não ter um programa de trabalho, mas servir aos dos movimentos populares a que se destina. Da parte dos agentes populares, ela aspira a ser uma antecipação de sua possibilidade de criar, agora, uma forma orgânica de educação do povo.

6) Este talvez seja o sentido mais próximo a uma última ideia diferenciadora que eu quisera desenvolver aqui. Modelos institucionais e hegemônicos de educação para o povo são sempre e irrevogavelmente uma pedagogia do outro. Esta alteridade consagra a dimensão dominante de um trabalho mediador, cujo fraseado disfarça a dominância, e também cria aí o seu próprio sentido. Instrumento sutil de reprodução compensatória da desigualdade, ela funda o

seu ser na distância da diferença entre o lado do educador e o lado do educando; entre a fonte de poder a que serve e o sujeito popular que controla, parecendo servir. Ela é o lugar do técnico, não o do militante (palavra que a burocracia teme e, por isso, procura tornar vazia) e sonha fazer do sujeito popular um outro educado, produto da imagem antecipada que dele fazem a retórica e o interesse da agência: um sujeito instruído e participante, desde que ordeiro e subalterno.

O projeto limite da educação popular pretende reduzir a alteridade constitutiva da educação de adultos. Na verdade, esta tarefa difícil tem sido o lugar onde práticas e vocações se perdem, com frequência. Uma alteridade que se dissolve, não porque o educador venha a ser "como o povo", mas porque o seu trabalho tende a se tornar das classes populares e, portanto, não se esgota em uma permanente transferência de conhecimentos, o que reproduz a dependência de um lado para com o outro, mas na possibilidade que o próprio instrumento chamado educação popular venha a ser, na passagem de um pólo ao outro, uma conquista do povo. Uma reapropriação não apenas de um modo de saber, mas do meio e do movimento que, entre outros, tornam possível a produção autônoma deste saber.

REDIZER A PALAVRA: EPÍLOGO

Completa, a ideia de Paulo Freire de que a epígrafe foi o começo de nossa viagem, leitor, é esta:

> Na verdade, se dizer a palavra é transformar o mundo, se dizer a palavra não é privilégio de alguns homens, mas um direito dos homens, ninguém pode dizer sozinho a palavra. Dizê-la sozinho significa dizê-la para os outros, uma forma de dizer sem eles e, quase sempre, contra eles. Dizer a palavra significa, por isso mesmo, um encontro de homens. Este encontro que não pode realizar-se no ar, mas tão-somente no mundo que deve ser transformado, é o

diálogo em que a realidade concreta aparece como mediadora dos homens que dialogam.

(A Alfabetização de Adultos: crítica de sua visão ingênua, compreensão de sua visão crítica).

INDICAÇÕES PARA LEITURA

O melhor sobre educação popular não existe em livros. Existe em uma infinidade dispersa de documentos mimeografados, escritos "da base", relatórios de experiências e sínteses de pequenos encontros que se multiplicam por toda parte. Algumas instituições possuem arquivos razoáveis sobre o assunto: o Centro Ecumênico de Documentação e Informação (CEDI), o Centro de Pastoral Vergueiro e o CEPIS, Centro de Educação Popular do Instituto Sedes Sapientiae. Há outros, regionais, que possuem também arquivos e publicações. Um deles é o CEAS, de Salvador, na Bahia, Centro de Estudos e Ação Social. Outro é o CENTRU, de Pernambuco: Centro de Educação e Cultura do

Trabalhador Rural.

Algumas revistas periódicas publicam artigos e depoimentos sobre a educação popular. Os Cadernos do CEDI, de vez em quando; a Proposta, da FASE; o Caderno do CEAS e o Cadernos de Educação Popular, que o NOVA edita pela Vozes. É preciso prestar atenção a uma série crescente de artigos e revistas editados em outros países da América Latina, de onde têm chegado a notícia de práticas e o imaginário de ideias que precisamos aprender com urgência. Há publicações importantes no Chile, no México, em Costa Rica e na Nicarágua. Descubra-as, leitor, é parte da sabedoria de um educador popular.

Há muitos livros. Fora teses de mestrado e doutoramento, algumas delas de inegável valor, mas ainda não publicadas, pelo menos os seguintes devem ser consultados (muito do que eu não disse aqui está lá): Vanilda Pereira Paiva, *Educação popular e educação de adultos* (Loyola) e *Paulo Freire e o nacionalismo-desenvolvimentismo* (Civilização Brasileira). Celso de Rui Beisiegel, *Estado e educação popular* (Pioneira) e *Política e educação popular* (Ática). Silvia Maria Manfredi, *Política – Educação popular* (Símbolo). Moacyr Gadotti, *A educação contra a educação* (Paz e Terra), como um dos mais críticos ensaios sobre a educação permanente.

São fundamentais os livros de Paulo Freire e, entre eles: *A pedagogia do oprimido* (Paz e Terra), *Educação como prática da liberdade* (Paz e Terra), nos quais muitas origens ficaram guardadas.

Um livro essencial sobre o assunto, pois ele incorpora documentos originais dos anos 1960, é o *Cultura popular e educação popular: memória dos anos 1960*, de Osmar Fávero, publicado pela Edições Graal.

Do educador uruguaio Julio Barreiro, é importante *Educação popular e conscientização*, cuja trajetória na América Espanhola foi bastante mais bem-sucedida do que a brasileira. Da equipe do IDAC, algumas experiências relevantes estão em *Vivendo e aprendendo* (Brasiliense). Junto com alguns companheiros citados até aqui, reuni artigos e editei pela Brasiliense *A questão política da educação popular*, por onde saíram também os dois livros que, com este, completam uma pequena trilogia sobre o assunto: *O que é educação e O que é Método Paulo Freire*. Publiquei pela Graal um livro que reúne poemas, estudos sobre educação popular e entrevistas; chama-se *Lutar com a palavra*. Procure também, pela Editora Papirus, *O ardil da ordem*.

Estas indicações de leitura podem ser atualizadas com os seguintes livros:

Apple, Michael, *Educando à direita: mercados, padrões, Deus e desigualdades*. São Paulo: Cortez/Instituto Paulo Freire, 2003.

Barreiro, Júlio, *Educação popular e conscientização*. Porto Alegre: Editora Sulina, 1999.

Brandão, Carlos Rodrigues, *Aprender o amor sobre um afeto que se aprende a viver*. Campinas: Editora Papirus, 2005.

Brandão, Carlos Rodrigues, *A canção das sete cores educando para a paz*. São Paulo: Editora Contexto, 2004.

Brandão, Carlos Rodrigues, *Educação popular na escola cidadã*. Petrópolis: Vozes, 2000.

Brandão, Carlos Rodrigues, *Paulo Freire: o menino que lia o mundo*. São Paulo: Editora da Unesp, 2005.

Curi, Carlos Roberto Jamil, *Educação e contradição*. São Paulo: Cortez, 2005.

Linhares, Célia e Trindade, Maria (orgs), *Compartilhando o mundo de Paulo Freire*. São Paulo: Cortez/Instituto Paulo Freire, 2003.

O'Sullivan, Edmund, *Aprendizagem transformadora uma visão educacional para o século XXI*. São Paulo: Cortez/Instituto Paulo Freire, 2004.

Padilha, Paulo Roberto, *Currículo intertranscultural: novos itinerários para a educação*. São Paulo: Cortez, 2002.

Pelandré, Nilcéa Lemos, *Ensinar e aprender com Paulo Freire: 40 horas e 40 anos depois*. São Paulo: Cortez, 2002.

Romão, José Eustáquio, *Pedagogia dialógica*. São Paulo: Cortez/Instituto Paulo Freire, 2002.

Souza, João Francisco de, *Atualidade de Paulo Freire: contribuição ao debate sobre a educação na diversidade cultural*. São Paulo: Cortez/Instituto Paulo Freire, 2002.

Torres, Carlos Alberto (org), *Teoria crítica e sociologia política da educação*. São Paulo: Cortez, 2003.

Vários Autores, *Educação popular na América Latina: desafios e perspectivas*. Brasília: Unesco, MEC, CEAAL, 2005.

SOBRE O AUTOR

Nasci no Rio de Janeiro em 1940. Vivi os dez primeiros anos de minha vida em Copacabana. Vivi outros 16 na Gávea, entre matos e morros. Fui estudante da PUC do Rio de Janeiro entre 1961 e 1965. Um tempo como nunca, onde as ideias de que falei aqui habitavam as manhãs de todos os dias. Vivíamos até 1964 a certeza de que tudo seria transformado e, nós mais o povo seríamos os autores de tudo. Cultura Popular e Educação Popular eram então vivências de uma intensidade mais carregada de afeição do que de lógica.

Um dia comecei a trabalhar no Movimento de Educação de Base. Viajei pelo Brasil como "supervisor nacional, mas devo confessar que de então até agora nunca participei de um trabalho direto de educação popular. Lembro-me de uma manhã em que cheguei no MEB (a sede nacional ficava na São Clemente, 170, em Botafogo) e fui recebido com a notícia de que "o Lacerda havia prendido a nossa cartilha na gráfica: Viver é Lutar". Isto foi em fevereiro de 1964. Pouco depois começariam a prender também os educadores populares. Lembro-me de tempos em que as próprias palavras: educação popular eram tão perigosas de serem ditas em público quanto de serem praticadas.

Hoje sou antropólogo, trabalhei 30 anos na Unicamp e pesquiso principalmente a cultura popular em sociedades camponesas. Participei e sigo participando de trabalhos ligados aos movimentos sociais e a educação popular. Através deles tenho viajado pelo Brasil e pela América Latina para conviver alguns dias de cada vez com pessoas e grupos que, como todos nós nos anos 1960, insistem em crer que algumas lutas têm sentido e que a educação, quando popular, pode ser um caminho de vivê-las.